**VERY
PORT
LAND**

미리 알림

- 본문에 표시된 NE N SE NW SW 는 422~427쪽 지도의 위치를 나타냅니다.
- 도서의 정보는 2018년 4월 기준입니다. 혹시 여행 중 바뀐 정보가 있다면 출판사 편집부로 제보해주시기 바랍니다. 재쇄 때 반영하겠습니다. 감사합니다.

한 그루의 나무가 모여 푸른 숲을 이루듯이
청림의 책들은 삶을 풍요롭게 합니다.

VERY
PORT
LAND

베리 포틀랜드

조소영 지음

로컬들이 먹고 쇼핑하고
즐겨 찾는 플레이스
265

청림Life

Prologue

포틀랜드에 살면서 많은 여행자를 만났다.
포틀랜드가 너무 좋아서 한 달을 머물고
6개월 후에 또 찾는 사람이 있는가 하면
3일 만에 싫증을 내고 떠나는 사람도 있었다.
1년을 살기 위해 왔다가
3개월을 겨우 채우고 떠나는 사람이 말했다.
"난 포틀랜드가 한국의 제주도인 줄 알았는데 강원도였어.
아무것도 없잖아."
뉴욕이나 LA, 샌프란시스코와 같은 큰 도시와 비교하자면
포틀랜드는 일단 그 규모부터 작다.
화려하게 반짝이는 빌딩도, 거리를 활보하는 패셔니스타도 없다.
맛있는 레스토랑, 브루어리, 커피 로스터가 많다 한들
큰 도시의 숫자를 따라가지는 못한다.

도시와 사랑에 빠지는 건 한 사람과 사랑에 빠지는 일과 같아서
좋고 싫음을 나누는 건 어디까지나 개인의 취향에 근거하겠지만
자연을 사랑하는 이라면 포틀랜드를 마음에 들어 할 확률이 높아진다.

포틀랜드는 도시와 자연이 아름답게 공존하는 도시다.
곳곳에 나무가 보이고 어느 동네를 가도 공원이 자리 잡고 있다.
다운타운에서 30분만 가면 소비 아일랜드 비치가 있고
10분 거리에 미국에서 가장 큰 공원, 포레스트 파크가 있다.
"나 자연 좋아해. 로스트 레이크도, 후드산도 다녀왔어.
근데 별거 없던데?" 그런 이들에게 나는 묻는다.
"혹시 호수에서 수영해봤어? 발이라도 담가봤어?"
대부분 "아니."라는 답이 돌아온다.
자연에 꼭 뛰어들어야 한다는 건 아니다.
자연을 즐기는 방식은 저마다 다를 것이다.
하지만 차에서 내려서 잠깐 보고 서둘러 차에 올라타는,
관광 리스트에 줄을 긋기 위한 여행은
적어도 포틀랜드에서만큼은 어울리지 않는다.
많은 여행자들이 멀트노마 폭포 입구에서 인증샷을 찍고 돌아오지만
가장 멋진 풍경은 멀트노마 안쪽,
오네온타 협곡으로 가는 트래킹 코스에 있다.
폭포가 보이는 바깥쪽이 아니라 폭포 안으로 걸어 들어갈 때
진짜 여행이 시작되는 셈이다.

〈론리 플래닛Lonely Planet〉은 포틀랜드를 이렇게 소개했다.
"Portland doesn't try to impress anyone and so impresses everyone."
포틀랜드는 주목받기 위해 노력한 적이 없다.

포틀랜더는 자신의 도시가 힙플레이스가 되고,
자신들이 힙스터라 불리는 것에 관심이 없다.
조금은 이상하게, 조금은 특별하게
자신만의 속도와 온도를 유지하며 살아갈 뿐이다.
분명 포틀랜드는 재미있고 특별한 도시이지만
미국을 대표하는 도시는 아니다.
사람들이 흔히 미국에 기대하는 '천조국'의 스케일과는 거리가 먼 곳이다.
세계적으로 열풍을 일으킨 라이프 스타일 매거진
〈킨포크Kinfolk〉의 고향이라는 사실에서도 알 수 있듯
포틀랜드에는 잘 사는 삶에 대해 다른 가치를 지닌 사람들이 살아간다.
맛있고 건강한 음식을 이웃과 나눠 먹고 자연을 사랑하며
인생을 즐기는 것이 일의 성공보다 중요한 사람들의 무대가 되는
도시가 바로 여기 포틀랜드다.

포틀랜드에 대한 한국의 관심이 유난히 뜨겁다.
최근 많은 매체에서 포틀랜드를 특집으로 다뤘다.
〈킨포크〉 매거진이나 가이드북을 보고 포틀랜드에 대한
환상을 갖고 오는 많은 관광객을 만났고,
포틀랜드를 소개하는 단 한 권의 책을 보고 여행오거나
심지어 살러 온 사람도 만났다.
누군가에게는 전에 없는 이상적인 도시일 수 있지만
누군가에게는 그다지 할 일이 없는 심심한 도시일 수 있다.
살기 좋은 도시로 소문이 나면서 홈리스도 덩달아 늘었다.
친절하고 열려있는 사람들이 대부분이지만 보수적인 사람들도 많다.
모두가 잡지에 나오는 사진처럼 잘 차려놓고 밥을 먹지도
모두가 자연친화적 삶을 살지도 않는다.

포틀랜드에 대한 엄청난 환상을 가지고 있거나
그저 '힙하다'는 소문만 믿고 온다면
실망하고 돌아갈 가능성도 커질 수밖에 없다.
하지만 힙하거나 화려한 무언가가 아닌
거리마다 등장하는 키 큰 나무와, 아름다운 숲과 호수를 보고 싶다면
기꺼이 이 도시를 여행지로 선택해도 좋다.
유명한 브랜드의 커피가 아닌 동네 커피집을 좋아하고
유행에 관심이 없고 제멋대로 멋부리기를 좋아하는
운전은 좀 서툴지만 양보만큼은 세계 1등인 사람들과
그들이 만들어가는 도시의 풍경이 궁금하다면
포틀랜드는 당신에게 꽤 근사한 여행지가 되어줄 것이다.

— 포틀랜드에서
조소영

CONTENTS

Prologue · 4

ESSAY 왜 포틀랜드인가 · 15
ESSAY 포틀랜드를 이상하게 유지하라 · 20
ESSAY 미국 최고의 푸드 시티 · 24
ESSAY 윈터 원더랜드, 후드산 · 28
ESSAY 맛있는 포틀랜드 · 32
ESSAY 외모로 판단하지 마세요 · 36
ESSAY 피카톤에서 보낸 여름 · 39
ESSAY 개들의 천국 · 42
ESSAY 한번쯤은 러너 · 44

CHAPTER 1
SHOP

1   Portland Shop
도시가 만들고 성장시킨 포틀랜드의 숍

Johan 요한 · 56
Olo Fragrance 올로 프래그런스 · 58
Association Shop 어소시에이션 숍 · 60
Compound Gallery 컴파운드 갤러리 · 62
Pistils Nursery 피스틸 널서리 · 63
Parachute Home 파라슈트 홈 · 64
Outlet Studio 아웃렛 스튜디오 · 66
Project Object 프로젝트 오브젝트 · 67
Spartan Shop 스파르탄 숍 · 68
Mantel 맨틀 · 70
Cosube 코수베 · 72
The Yo! Store 더 요! 스토어 · 74
Shop Boswell 숍 보즈웰 · 76
WM Goods 더블유엠 굿즈 · 78
Made Here PDX 메이드 히어 PDX · 80
Solabee Flowers & Botanicals
솔라비 플라워즈 앤 보태니컬즈 · 81
Nationale 내셔널 · 82
Portland Gear 포틀랜드 기어 · 83
West End Select Shop 웨스트 엔드 셀렉 숍 · 84
Maak Lab 마크 랩 · 86
Seven Sisters 세븐 시스터즈 · 88

Woonwinkel 운윙클 · 89
Frances May 프란시스 메이 · 90
Canoe 카누 · 92
The Good Mod 더 굿 모드 · 94
Alder & Co. 알더 앤 코 · 96
Self Edge 셀프 엣지 · 97
Lowell 로웰 · 98
Tanner Goods 태너 굿즈 · 100
Una 우나 · 102
Wildfang 와일드팽 · 103
Jaefields by The Collective
제이필즈 바이 더 콜렉티브 · 104
Kiriko Made 키리코 메이드 · 105
The Athletic Community
더 애슬레틱 커뮤니티 · 106
Nike Portland 나이키 포틀랜드 · 107
Jacobsen Salt Co. 제이콥슨 솔트 컴퍼니 · 108
Schoolhouse Electric & Supply Co.
스쿨하우스 일렉트릭 앤 서플라이 컴퍼니 · 109
Snow Peak 스노우 피크 · 110
Heir 헤어 · 111
Carter & Rose 카터 앤 로즈 · 112
Field Trip 필드 트립 · 113
Keen 킨 · 114
Danner 대너 · 115
Pendleton Home Store 펜들턴 홈 스토어 · 116
Poler Flagship Store 폴러 플래그십 스토어 · 117
Back Talk 백 토크 · 118
See See Motorcycles 씨 씨 모터사이클스 · 119
Velo Cult Bike Shop 벨로 컬트 바이크 숍 · 120
Beam & Anchor 빔 앤 앵커 · 121

2   Book Store
지속가능한 가치를 추구하는 포틀랜드의 서점

Powell's Books 파월 북스 · 124
Monograph Bookwerks 모노그래프 북웍스 · 126
Mother Foucault's Workshop
마더 푸코즈 워크숍 · 128
Passages 패시지스 · 130
Ampersand Gallery & Fine Books
앰퍼샌드 갤러리 앤 파인 북스 · 132
Longfellow's Books and Music
롱펠로스 북스 앤 뮤직 · 133

Powell's Books on Hawthorne
파월 북스 온 호손 · 133

Cameron's 캐머런스 · 133

3 Record Shop
다양한 장르의 음악이 흐르는 포틀랜드의 레코드숍

Mississippi Records 미시시피 레코즈 · 136
Little Axe Records 리틀 악세 레코즈 · 138
Beacon Sound 비이컨 사운드 · 139
Musique Plastique 뮤지크 플라스티크 · 140
Speck's Records & Tapes
스펙스 레코즈 앤 테이프스 · 141
Everyday Music 에브리데이 뮤직 · 142
2nd Avenue Records 세컨드 에비뉴 레코즈 · 142
Exiled Records 익사일드 레코즈 · 143
Crossroads Music 크로스로즈 뮤직 · 143

4 Vintage Shop
풍요로운 라이프 스타일을 대변하는
포틀랜드의 빈티지숍

Artifact: Creative Recycle
아티팩트: 크리에이티브 리사이클 · 146
Village Merchants 빌리지 머천트 · 148
Portland Flea 포틀랜드 벼룩시장 · 148
Hawthorne Vintage 호손 빈티지 · 149
Lounge Lizard 라운지 리자드 · 149
Hollywood Vintage 할리우드 빈티지 · 150
City Home 시티 홈 · 150
House of Vintage 하우스 오브 빈티지 · 151
Sugar Mountain Vintage 슈가 마운틴 빈티지 · 151
Red Fox Vintage 레드 폭스 빈티지 · 151
Magpie 맥파이 · 151

5 Gallery
일상이 예술이 되는 포틀랜드의 갤러리

Portland Art Museum 포틀랜드 아트 뮤지엄 · 154
Froelick Gallery 폴릭 갤러리 · 155
Elizabeth Leach Gallery 엘리자베스 리치 갤러리 · 155

Blue Sky Gallery 블루 스카이 갤러리 · 156
Augen Gallery 오겐 갤러리 · 156
Wolff Gallery 울프 갤러리 · 156
Fruit Salad Club 프루트 샐러드 클럽 · 157
Land Gallery 랜드 갤러리 · 157
Floating World Comics 플로팅 월드 코믹스 · 157
IPRC Zine Library IPRC 자인 라이브러리 · 157

CHAPTER 2
RESTAURANT

1 Market
푸드 신의 시작, 포틀랜드의 마켓

Farmers Market 파머스 마켓 · 166
Providore Fine Foods 프로비도르 파인 푸드 · 170
The Meadow 더 미도우 · 171
World Foods 월드 푸드 · 171

2 Restaurant
지역의 싱싱한 식재료로 테이블을 채우는
포틀랜드의 레스토랑

Farm Spirit 팜 스피릿 · 174
Olympia Provisions 올림피아 프로비전스 · 176
Renata 레나타 · 178
Ataula 아타올라 · 179
Kachka 카츠카 · 180
Le Pigeon 르 피죤 · 182
Little Bird Bistro 리틀 버드 비스트로 · 184
Langbaan 랑반 · 185
Navarre 나바르 · 186
Luce 루체 · 187
Tusk 터스크 · 188
Apizza Scholls 어피자 숄즈 · 190
Pine State Biscuits 파인 스테이트 비스킷 · 191
Paiche 파이체 · 191
Sweedeedee 스위디디 · 192
Pok Pok 폭폭 · 194

Broder Nord 브로더 노드 • 195
Laurelhurst Market 로렐허스트 마켓 • 196
Lardo/Grassa 라도/그라싸 • 198
Proud Mary Cafe 프라우드 매리 카페 • 199
Maurice 모리스 • 200
OX 옥스 • 201
Tasty N Sons 테이스티 앤 선즈 • 202
Nostrana 노스트라나 • 203
Clyde Common 클라이드 커먼 • 204
La Moule 라 물 • 205
People's Pig 피플스 피그 • 206
Jackrabbit 잭래빗 • 207
Toro Bravo 토로 브라보 • 208
Mae 매 • 209
Ava Gene's 아바 진스 • 210
Aviary 에비어리 • 211
Pine Street Market 파인 스트리트 마켓 • 212
Olympia Oyster Bar 올림피아 오이스터 바 • 213
The Woodsman Tavern 더 우즈맨 타번 • 214
Ned Ludd 네드 루드 • 215
Vivienne Kitchen & Pantry 비비안 키친 앤 팬트리 • 216
Zell's Café 젤스 카페 • 217
Güero 구에로 • 218
Beast 비스트 • 219
Milk Glass Mrkt 밀크 글래스 마켓 • 220
Bar Casa Vale 바 카사 발레 • 221
Nodoguro 노도구로 • 222
Coquine 코퀸 • 223
Tasty N Alder 테이스티 앤 알더 • 224
Southpark Seafood 사우스파크 씨푸드 • 225
Canteen 칸틴 • 225
Besaws 비소즈 • 226
Prasad 프라사드 • 226
Tin Shed Garden Cafe 틴 셰드 가든 카페 • 227
Screen Door 스크린 도어 • 227

3 Dessert Shop
달콤함이 머무는 포틀랜드의 디저트숍

Pip's Original Doughnuts & Chai
핍스 오리지널 도넛 앤 차이 • 230

Blue Star Donuts 블루 스타 도넛 • 231
Salt & Straw 솔트 앤 스트로우 • 232
180 Xurros 원에이티 추로스 • 233
Alma Chocolate 알마 초콜릿 • 234
Voodoo Doughnut 부두 도넛 • 235
Pinolo Gelato 피놀로 젤라토 • 236
Angels Donuts & Ice Cream
엔젤 도넛 앤 아이스 크림 • 237

4 Food Cart
자유롭고 창의적인 요리의 향연,
포틀랜드의 푸드 카트

Matt's BBQ 매츠 비비큐 • 240
Chicken and Guns 치킨 앤 건즈 • 241
Gumba 검바 • 241
Fine Goose 파인 구스 • 242
Nong's Khao Man Gai 농즈 카오 만 가이 • 242
Dos Mundos 도스 문도스 • 242
Straits Kitchen 스트레이츠 키친 • 243
Kazumi Sushi 카즈미 스시 • 243
Pastrami Zombie 파스트라미 좀비 • 243

CHAPTER 3

DRINK

1 Coffee Roasters & Tea Café
가장 완벽한 한 잔을 위한 포틀랜드의
커피 로스터와 티 카페

Coava Coffee Roasters 코아바 커피 로스터스 • 252
Sterling Coffee Roasters 스털링 커피 로스터스 • 254
Barista 바리스타 • 255
Heart Coffee Roasters 하트 커피 로스터스 • 256
Cup & Bar 컵 앤 바 • 257
Stumptown Coffee Roasters
스텀프타운 커피 로스터스 • 258
Saint Simon Coffee Company
세인트 사이먼 커피 컴퍼니 • 259
Deadstock Coffee 데드스톡 커피 • 260

Courier Coffee 쿠리어 커피 · 261
Good Coffee 굿 커피 · 262
Never Coffee 네버 커피 · 263
Case Study Coffee Roasters
케이스 스터디 커피 로스터스 · 264
Ristretto Roasters 리스트레토 로스터스 · 265
Prince Coffee 프린스 커피 · 266
Upper Left Roasters 어퍼 레프트 로스터스 · 268
Water Avenue Coffee 워터 애비뉴 커피 · 269
Steven Smith Teamaker 스티븐 스미스 티메이커 · 270
Townshend's Tea Company 타운센즈 티 컴퍼니 · 271
Tea Chai Te 티 차이 테 · 272
Tea Bar 티 바 · 273

2 Brewery & Bar
풍부한 자연의 맛을 담은 포틀랜드의
브루어리와 바

Breakside Brewery 브레이크사이드 브루어리 · 276
Ecliptic Brewing 이클립틱 브루잉 · 277
Labrewatory 래브루어토리 · 278
Paydirt 페이더트 · 279
Wayfinder Beer 웨이파인더 비어 · 280
Loyal Legion Pub 로얄 리전 펍 · 281
Bible Club PDX 바이블 클럽 피디엑스 · 282
Victoria Bar 빅토리아 바 · 283
Hair Of The Dog Brewing Co.
헤어 오브 더 독 브루잉 컴퍼니 · 284
Base Camp Brewing Co.
베이스 캠프 브루잉 컴퍼니 · 285
Cascade Brewing Barrel House
케스케이드 브루잉 배럴 하우스 · 286
Great Notion Brewing 그레이트 노션 브루잉 · 287
Bailey's Taproom 베일리스 탭룸 · 288
Baerlic Brewing 베어릭 브루잉 · 289
Shift Drinks 시프트 드링크스 · 290
Apex 에이펙스 · 291
Belmont Station 벨몬트 스테이션 · 292
10 Barrel Brewing 텐 배럴 브루잉 · 293
Deschutes Brewery Portland Public House
드슈츠 브루어리 포틀랜드 퍼블릭 하우스 · 294
Kask 케스크 · 296
Ex Novo Brewing 엑스 노보 브루잉 · 297

Multnomah Whiskey Library
멀트노마 위스키 라이브러리 · 298
Doug Fir Loung 더그 퍼 라운지 · 299
Teardrop Lounge 티어드롭 라운지 · 299
Upright Brewing 업라이트 브루잉 · 300
Expatriate 엑스페이트리어트 · 301
Circa 33 설카 33 · 302
Pepe le Moko 페페 르 모코 · 303
Angel Face 앤젤 페이스 · 304
Brewcycle 브루사이클 · 305

CHAPTER 4

OREGON TRIP

1 Oregon
끝없이 펼쳐지는 오리건의 대자연

Cannon Beach 캐논 비치 · 314
   Stay *Hallmark Resort & Spa*
   홀마크 리조트 앤 스파 · 315
Astoria 아스토리아 · 316
   Stay *Commodore Hotel Astoria*
   코모도어 호텔 아스토리아 · 317
Mt. Hood National Forest
마운트 후드 내셔널 포레스트 · 318
   Stay *Timberline Lodge & Ski Area*
   팀버라인 로지 앤 스키 에어리어 · 319
Hood River Water Front Park
후드 리버 워터 프론트 파크 · 320
   Stay *Columbia Gorge Hotel*
   콜롬비아 조지 호텔 · 321
Lost Lake 로스트 레이크 · 322
   Stay *Lost Lake Resort & Campground*
   로스트 레이크 리조트 앤 캠프그라운드 · 323
Crater Lake National Park
크레이터 레이크 내셔널 파크 · 324
   Stay *Crater Lake Lodge*
   크레이터 레이크 로지 · 325
Clear Lake 클리어 레이크 · 326
   Stay *Clear Lake Resort*
   클리어 레이크 리조트 · 327

Columbia River Gorge & Multnomah Falls
콜롬비아 리버 조지 앤 멀트노마 폭포 • 328

Sauvie Island Beach 소비 아일랜드 비치 • 330

The Willamette Valley & Eugene
더 윌래밋 밸리 앤 유진 • 332

Painted Hills 페인티드 힐스 • 333

Opal Creek Wilderness 오팔 크릭 윌더니스 • 334

2 Park
도시를 둘러싼 포틀랜드의 공원

Forest Park 포레스트 파크 • 338

Pittock Mansion 피톡 맨션 • 339

Portland Japanese Garden
포틀랜드 재패니즈 가든 • 340

Mt. Tabor Park 마운트 테이버 파크 • 341

Cathedral Park 캐시드럴 파크 • 341

International Rose Test Garden
인터내셔널 로즈 테스트 가든 • 342

Oaks Bottom Wildlife Refuge
오크스 보텀 와일드라이프 레퓨지 • 342

Sellwood Riverfront Park 셀우드 리버프론트 파크 • 343

Laurelhurst Park 로렐허스트 파크 • 343

Westmoreland City Park 웨스트모어랜드 시티 파크 • 343

Sellwood Park & Sellwood Community Pool
셀우드 파크 앤 셀우드 커뮤니티 풀 • 343

3 Winery
로컬이 사랑하는 오리건의 와이너리

Sokol Blosser 소콜 블라서 • 346

Stoller Family Estate 스톨러 패밀리 에스테이트 • 348

Ruby Vineyard & Winery 루비 빈야드 앤 와이너리 • 350

Ponzi Winery 폰지 와이너리 • 350

Árdíri Winery & Vineyards
에얼데리 와이너리 앤 빈야드 • 351

Domaine Serene 도멘 서린 • 351

4 Stay
느리게 흐르는 시간, 포틀랜드의 숙소

Ace Hotel 에이스 호텔 • 354

Tiny House Hotel 타이니 하우스 호텔 • 356

Hi-Lo Hotel 하이 로 호텔 • 357

Hyatt House Portland 하얏트 하우스 포틀랜드 • 358

The Nines 더 나인스 • 358

AC Hotel Portland AC 호텔 포틀랜드 • 359

Benson Hotel 벤슨 호텔 • 359

Hotel Lucia 호텔 루시아 • 360

Kimpton Hotel Monaco Portland
킴톤 호텔 모나코 포틀랜드 • 360

Jupiter Hotel 주피터 호텔 • 361

McMenamins Kennedy School
맥메나민스 케네디 스쿨 • 361

`Airbnb` **Garden Oasis Guest house**
가든 오아시스 게스트하우스 • 362

`Airbnb` **Saul Zailz Treehouse**
솔 자이즈 트리하우스 • 362

`Airbnb` **Urban Garden Studio**
어반 가든 스튜디오 • 362

`Airbnb` **Zen Loft**
젠 로프트 • 363

`Airbnb` **Wine Country Beacon Cabin**
와인 컨트리 비컨 캐빈 • 363

`Airbnb` **Acclaimed Net-Zero Passive House** 어클레임 넷-제로 파시브 하우스 • 363

CHAPTER 5

PORTLANDER

◊ **Portlander**
포틀랜드를 빛나게 하는 사람들, 포틀랜더

1. **Martina Thornhill** 마르티나 손힐 • 372
2. **James Fitzgerald** 제임스 피츠제럴드 • 380
3. **Carlos Valencia** 카를로스 발렌시아 • 388
4. **Fidelia Twenge Jinings** 피델리아 트웬지 지닝스 • 396
5. **Andy Banas** 앤디 바나스 • 404
6. **Camille Shumann** 카미유 슈만 • 412

Portland Maps • 420

왜 포틀랜드인가

미국 인구조사국에 따르면 최근 몇 년간 매일 버스 두 대를 가득 채우는 수의 사람들이 포틀랜드(오리건주)로 이사하고 있다고 한다. 그렇다면 왜 포틀랜드인가? 다양한 직종의 포틀랜더를 만날 때마다 나는 이 질문을 던지곤 하는데 '자연을 즐길 수 있는 도시'라는 대답이 압도적이다(가장 안타까운 대답은 '세금이 없는 곳이라서'다).

포틀랜드는 작은 도시다. 다운타운에서 공항까지 30분이면 이동할 수 있고 해수욕할 수 있는 소비 아일랜드 비치 역시 30분 거리다. 한 시간 거리에 멀트노마 폭포와 콜롬비아강 협곡이 있다. 도시 한가운데 미국에서 가장 큰 공원 포레스트 파크가 있고 아름다운 호수를 끼고 있는 마운트 테이버 파크, 로렐허스트 파크 등 크고 작은 공원이 자리 잡고 있다. 이곳 공원에서 여름에는 선탠과 피크닉을 즐기고, 겨울에는 썰매를 탄다. 평일을 가까운 공원에서 즐긴 이들은 주말이면 오리건의 자연을 찾아 떠난다. 금요일 오후면 캠핑카와 카약, 보트, 자전거를 싣고 달리는 차들이 도로 위로 쏟아진다. 한 시간 또는 두 시간 거리에 산도 바다

도 강도 있으니 큰마음을 먹지 않아도 가능한 일이다.

포틀랜더의 자연에 대한 애착은 유난하다. 로스트 레이크 캠프그라운드의 캐빈에 머물기 위해 1년 전부터 예약을 해두는가 하면 후드산 팀버라인 로지에 가기 위해 위험한 눈길 운전도 무릅쓴다. 캐논 비치, 선셋 비치, 씨사이드 비치 등 바다는 물론이고 크레이터 레이크, 클리어 레이크의 로지 역시 일찌감치 마감된다.
포틀랜드는 아웃도어 라이프를 즐기는 이들에게 높은 수준의 자연환경을 제공할 뿐 아니라 비교적 저렴하게 웨스트 코스트 라이프를 즐길 수 있게 해준다. 아웃도어 라이프를 즐기는 이들이 이 도시로 모여들 수밖에 없는 이유다. 샌프란시스코와 LA, 뉴욕의 살인적인 물가를 피해, 새로운 사업을 시작하기 위해 건너온 사람들도 빠뜨릴 수 없는데, 물론 그들이 저렴하다는 이유만으로 포틀랜드를 선택하는 건 아니다.

포틀랜드는 작은 도시 규모에 비해 별나다 싶을 정도로 많은 로컬 브랜드를 가지고 있다. 거리에는 비어숍이 아닌 비어 브루어리가, 커피숍이 아닌 커피 로스터가 넘쳐나고 마트에는 지역에서 만든 향수, 비누, 유기농 식자재가 가득하다. 어떠한 지역의 편집숍에 들러도 로컬 브랜드 몇 개쯤은 기본으로 구비해두고 있다. 이건 뭐든 직접 만들어봐야 하는 극성스러움에 지극한 로컬 사랑이 더해진 결과라 할 수 있다.
지역 제품을 지지하는 문화는 영세하게 시작한 많은 브랜드들이 포틀랜드를 대표하는 브랜드로 성장할 수 있게 했다. 솔트 앤 스트로우, 블루 스타 도넛, 하트 커피 로스터스, 코아바 커피 로스터스 등 포틀랜드 태생의 인기 브랜드는 가까운 서부에 몇 개의 지점을 둘 뿐, 미국 전역으로 매장을 확산시키지 않는다. 그 이유 중 하나는 로컬에서 나고 자란 재료를 사용한다는 점에 있다. 브랜드가 확장되면 그 재료의 퀄리티를 보장할 수 없다고 생각하기 때문이다. 포틀랜드에서만 먹고 경험할 수 있는 포틀랜드의 고유한 브랜드로 지키려는 노력은 그들을 지지해준 포틀랜더에 대한 의리이기도 하다.

"노트북만 있으면 어디에서나 일할 수 있는 시대이니 살고 싶은 도시로 모이는 건 자연스러운 현상이죠. 일단 포틀랜드로 이주해서 천천히 직업을 구하고, 작은 사업들을 구상하는 거예요. 다양한 사람들이 모여 다양한 일을 시작하니 어느 도시보다 창의적인 집단이 될 수밖에요." 에이스 호텔 부사장 라이언 벅스테인Ryan Bukstein의 말을 듣고 보니 이 도시가 점점 더 이상해지고 재미있어질 거라는 확신이 든다.

포틀랜드를 이상하게 유지하라

포틀랜드는 아마도 많은 이들에게 나이키, 스텀프타운 커피, 에이스 호텔, 후드산쯤으로 각인된 도시일 거다. 이 도시로 오기 전엔 나 역시 그랬다. 그러나 이곳에서의 시간이 3년을 채우는 지금, 단지 몇 개의 이름으로 포틀랜드를 규정하는 것이 얼마나 부질없는 일인가에 대해 생각한다. 아마도 그 첫 번째 이유는 도시의 이상한 슬로건에서부터 시작할 것이다. 많이 알려진 것처럼 이 도시의 슬로건은 "포틀랜드를 이상하게 유지하라. Keep Portland Weird."이다. 슬로건을 지키는 시민들에게 상을 주는 시상식이 있다면 포틀랜드 시민들이 단연 1등이 되어야 하지 않을까. 마치 경쟁이라도 하듯 최대한 이상하게, 그 이상함을 꾸준히 유지하며 살고 있으니 말이다.

예를 들어 포틀랜드의 숍 페컬리아리움Peculiarium은 벌레 모양 과자를 넣은 아이스크림, 기괴한 사진과 인형 등 이상한 뭔가를 판매한다. 그 이상함이 때론 지나쳐 노약자, 임산부, 심장이 약한 누군가의 출입을 막아야 할 정도다.

포틀랜드 버튼 웍스Portland Button Works라는 숍은 그야말로 배지로 가득 채워져 있다. 제작한 배지도 있고 어딘가에서 들여온 배지도 있다. 구경하다 보면 '이걸 누가 사나…' 하는 의문이 절로 생기는데 결국에는 하나쯤 집어오게 되니 신기한 일이다. 포틀랜드의 겨울은 일주일에 7일 비가 오곤 하는데, 그 흔한 비를 판매하기도 한다. 그것도 파월 북스Powell's Books라는 랜드마크 서점에서 말이다. 작은 유리병에 '포틀랜드 레인Portland Rain'이라 적어 판매하는데 역시 '이걸 누가 사나…' 싶지만 때마침 내 옆에서 그 유리병을 자신의 쇼핑바구니에 집어넣는 한 청년을 발견했고, 그 순간 '내일부터 빗물을 모아야 하나?'라는 생각을 하고야 말았다. 이상한 행동에 동의하는 사람들이 있으니 자꾸 이상한 걸 만들게 되고 모두 그 이상한 행동에 동참하게 만드니 이 정도면 이상함을 넘어 요상할 정도 아닌가?

그뿐만이 아니다. 포틀랜드에는 1년 내내 수많은 페스티벌이 열리는데 그 이름을 보고 놀란 적이 한두 번이 아니다. 먼저 발가벗고 자전거 타기 축제Naked Bike Festival가 있다. 말 그대로 알몸으로 자전거를 타는 축제인데 속옷을 살짝 걸치는 이들도 있고 완전히 벗고 타는 사람도 있다. 조용한 음악 축제The Quiet Music Festival는 자는 것을 권장하는 음악 축제다. 거의 누워서 공연을 보거나 정말로 누워 자는 식이다. 할로윈 못지않은 분장을 하고 자전거를 타거나 물에 뜨는 갖가지 도구를 이용해 강을 건너는 축제도 있다. 젊은이들만 참가할 것 같지만 의외로 연령대가 다양하다. 머리가 희끗희끗한 할아버지, 할머니, 아이들까지 동참한다.

포틀랜드에는 유행이 없다. 누가 어떤 옷을 입고 어떤 이상한 헤어스타일로 다녀도 신경 쓰지 않고 다른 사람의 스타일을 따라 하지도 않는다.

'잇백', '잇슈즈' 같은 건 이 도시와 당최 어울리지 않는 단어다. 이들은 명품이 아닌 이 도시에서 태어나고 성장한 브랜드를 입고 신는다. 이건 패션뿐 아니라 모든 영역에 걸쳐 해당하는 이야기다. 대표적인 사례를 꼽자면 나이키를 입거나 신고 운동을 하고 회사도 가고 캠핑도 가는 식이다. 제아무리 벨기에, 독일의 유명 맥주라도 이곳에서는 맥을 못 춘다. 대신 오리건, 포틀랜드 태생의 비어 브루어리는 매일 저녁 시원한 맥주 한 잔으로 하루를 마감하려는 포틀랜더로 붐빈다.

그 어떤 도시보다 빈티지숍이 많고 누군가 쓰던 물건을 구매하는 것을 당연하게 받아들인다. 옷, 신발, 가구, 리빙 제품까지 모두 갖춘 만물 백화점 같은 빈티지숍이 도시 곳곳에 산재해 있다. 아예 멋을 부리지 않거나 제멋대로 멋을 부리는 것이 바로 포틀랜더가 멋 부리는 방식이다. 단언컨대, 지금 포틀랜드를 빛나게 하는 건 그 무엇에 앞서 포틀랜드를 이상하게 가꾸어가는 '사람'이다.

미국 최고의 푸드 시티

"포틀랜드는 생애 최고의 도시가 될 거야. 네가 먹는 걸 좋아하는 사람이라면 말이야." 3년 전 포틀랜드로 이사 오던 날, 비행기 옆자리에 앉은 털보 남자는 내게 이렇게 말했다. 그때만 해도 그 말의 의미를 헤아리지 못했다. 그러나 몇 개월의 시간을 보내는 동안, 나는 모든 계획을 제쳐두고 오직 '먹고 마시러' 다니고 있었다. "여기 맛있다." "어, 여기도 맛있네?" "아니, 왜 여기도 맛있는 거야?"라고 말하는 횟수가 쌓여가는 동안 자연스럽게 이 도시의 키워드는 '음식' 그 자체가 되었다.
"포틀랜드는 어떻게 미국 최고의 푸드 시티가 되었나?"라는 제목의 〈허핑턴 포스트〉의 칼럼 등 포틀랜드의 푸드 신을 다룬 기사들은 이 심상치 않은 분위기를 비행기 옆자리의 청년과 이제 막 포틀랜더가 된 나뿐 아니라, 미국 전체가 감지하고 있는 '기류'임을 확인시켰다.

몇 년 전만 해도 그 누구도 LA, 뉴욕, 샌프란시스코와 같은 대도시들이 서부의 작은 도시인 포틀랜드와 음식으로 경쟁하게 될 거라 예상하지 못했다. 인구 64만 명의 작은 도시가, 그저 맛있는 커피 브랜드로 유명했던 포틀랜드가 어떻게 미국에서 가장 떠오르는 파인 다이닝의 도시가 된 것일까?

포틀랜드 푸드 신의 변화를 가장 가까이에서 경험한 푸드 칼럼니스트 카렌 브룩스Karen Brooks는 그 시작에 대해 이렇게 말한다. "다른 도시들이 스타 셰프 영입에 혈안이 되어 있을 때, 포틀랜드에서는 이 도시에 살고 싶은 사람들이 모여 자신이 사랑하는 일을 하기 시작했어요. 누군가는 파티셰를 꿈꾸며 빵을 구웠고, 바리스타를 공부했고, 젊은 셰프들은 자신만의 레시피를 만들기 시작했죠. 모험을 즐기는 사람들과 그들의 도전, 비주류와 로컬 문화를 지지하는 도시의 특성이 더해져 오늘날의 성공적인 푸드 문화가 만들어질 수 있었죠."

포틀랜드 최고의 푸드 페스티벌 '피스트 포틀랜드Feast Portland'의 창립자인 마이크 테린Mike Thelin이 말한다. "태평양 북서부에 위치한 지리적 요건이 주는 재료의 풍요로움을 빠뜨릴 수 없어요. 셰프들을 이 도시로 유혹하고, 그들에게 영감을 주고, 포틀랜더의 로컬푸드 사랑을 발전시켜나가는 원동력이 되었지요. 저의 요리 선생님이 항상 말하는 것처럼, 모든 것은 흙에서부터 시작되니 풍요로운 재료야말로 가장 중요한 요소라 할 수 있죠."

저렴한 물가도 한몫했다. 도시의 젊은 라이프 스타일, 새로운 것에 열려있는 마인드, 합리적인 물가는 레스토랑을 오픈하기 더없이 좋은 조건이었다. 점심시간이면 끝없는 줄이 이어지는 푸드 카트만 봐도 알 수 있듯, 포틀랜드에서는 마음만 먹으면 시작할 수 있고 멋진 레스토랑 없이도 스타 셰프가 될 수 있다.

윈터 원더랜드, 후드산

참 이상한 일이다. 분명 방금 전까지 내리던 비가 눈으로 바뀌고 비에 촉촉이 젖은 길이 눈 쌓인 길로 바뀌었으니까. 마치 하늘에 선명한 경계라도 있는 것처럼 이전과는 확연히 다른 풍경이었다. 12월의 포틀랜드는 쉼 없이 비가 내렸다. 그 눈부신 가을 햇살은 다 어디로 갔는지 일주일 내내 비가 내리기 일쑤였다. 결국 눈을 찾아 후드산으로 떠나기로 했다.

'온통 눈으로 뒤덮인 후드산에서 폭설에 고립되어야지!' 이것이 후드산으로 가는 유일한 이유였다. 샌디 트랜싯 센터Sandy Transit Center에서 후드산행 셔틀 버스에 올랐다. 버스는 조용히, 미끄러지듯 천천히 설국으로 들어섰다. 버스가 지나는 길 양옆으로 줄 맞춰 선 키 큰 나무, 바람이 부는 방향으로 얼어붙은 나뭇가지, 그 위로 수북하게 쌓인 눈이 우리를 맞이한다. 덕분에 시선을 거두지 못하고 창문에 붙은 채로, 후드산 가운데 자리한 팀버라인 로지 앤 스키 에어리어Timberline Lodge and Ski Area에 도착했다.

후드산의 많은 리조트 중에서도 팀버라인을 고른 데에는 몇 가지 결정적 이유가 있었다. 고도가 가장 높은 후드산의 중심에 위치하고 있다는 것, 오리건주의 풍경이 한 눈에 내려다보이는 큰 창이 사방에 널렸다는 것, 엄청난 규모의 스키장을 끼고 있어 스키는 물론 다양한 종류의 겨울 스포츠가 가능하다는 것, 야외 자쿠지에서 온천욕을 즐길 수 있다는 점이 그 배경이다. 무엇보다 이곳은 폭설에 고립될 수 있는 최적의 은둔지임이 분명했다. 숙소에 도착해 가장 먼저 찾은 곳은 램스 헤드Ram's Head 레스토랑이다. 커다란 창밖으로 여전히 눈이 내리고 있었다. 어쩌면 눈이 내린다기보다는 부유한다는 표현이 더 정확할지도 모를 일이다. 위에서 아래로, 아래에서 위로, 옆에서 옆으로 마치 회색빛 진공 상태의 우주를 부유하는 것만 같다.

창가에 자리를 잡고 생크림이 가득 올라간 핫초코와 모스코뮬을 주문했다. 차가운 코퍼 머그에 담긴 모스코뮬을 마시며 하염없이 창밖을 바라봤다. 그렇게 얼마나 시간이 흘렀을까. 회색빛 하늘은 새파란 하늘로 거짓말처럼 변해 있었다. 그건 이제까지 보아온 낮과 밤의 경계, 그때의 색깔과는 완전히 다른 것이었다. 파랗다 못해, 새파란 하늘이 나타나더니 이내 사라지고 암흑같이 까만 하늘로 바뀌었다. 한자리에 앉은 채 두 시간이 흘렀다는 걸, 시계도 휴대폰도 아닌 하늘색의 변화로 알아차렸다. 누군가 만들어놓은 눈사람, 견고한 나무들, 모든 것이 눈부시게 하얀, 상상 속에만 존재하던 바로 그 설국이었다.

맛있는 포틀랜드

어느 도시에서나 푸드 페스티벌이 열리지만 포틀랜드는 좀 유난하다. 일단 종류가 많다. 비건 비어 앤 푸드 페스티벌, 노스웨스트 와인 앤 푸드 페스티벌, 푸드 카트 페스티벌, 심지어 코리안 푸드 페스티벌까지 크고 작은 푸드 페스티벌이 끊이지 않고 열린다. 모두가 주인공이 되어 즐기고 만끽한다. 무엇보다 포틀랜더는 먹고 마시는 일에 빠지는 법이 없다.

물론 이 많은 푸드 페스티벌 중 하나만 꼽으라면 망설일 것도 없이 '피스트 포틀랜드Feast Portland(이하 '피스트 PDX')'이다. "어째서 포틀랜드가 서부에서 가장 훌륭한 푸드 페스티벌을 갖게 되었나?"라는 주제로 〈시애틀 매거진Seattle Magazine〉 칼럼을 진행한 에디터 앨리슨 오스틴Allison Austin은 런던 최고의 스타 셰프 퍼거스 헨더슨Fergus Henderson, 미슐랭 셰프 올리 다부스Ollie Dabbous, 미국에서 고기를 제일 잘 다루는 셰프로 통하는 에런 프랭클린Aaron Franklin 등 유명 셰프 90여 명을 한자리에 모은 피스트 PDX의 능력에 찬사를 보냈다. 그녀는 이 축제가 요리사와 맥주, 와인을 만드는 이들이 명목상 참석해야 하는 행사가 아닌 초대받기를 원하는 축제임을 지적하며 시애틀의 셰프들에게 원망하듯 묻는다. "왜 우리는 피스트 PDX와 같은 페스티벌을 갖지 못하는 거지?"

2012년부터 시작된 피스트 PDX는 매년 9월, 4일간 포틀랜드와 오리건주에서 생산되는 푸드와 비어, 와인을 한자리에 소환한다. 지난해는 다운타운 파이오니어 스퀘어 광장, 지델 야드 등에서 열렸고 80여 개의 레스토랑, 30여 개의 와이너리, 20여 개의 브루어리가 참여해 어느 해보다 성공적인 반응을 이끌어냈다. 티켓비는 60불에서 100불 사이. 결코 만만한 가격이 아니지만 매년 티켓 오픈과 동시에 매진 사례를 기록할 만큼 인기가 대단하다. 내로라하는 레스토랑의 음식, 맥주, 와인을 무제한 즐길 수 있는데다 뮤지션들의 공연, 이벤트들이 쏟아지니 모두가 이 축제를 목 빠지게 기다린다.

"다양한 장르가 집약된 포틀랜드 뮤직 신의 유니크함이 피스트 PDX의 매력이라 할 수 있죠. 푸드 카트의 치킨라이스부터 올림피아 프로비전의 살라미까지 모든 음식을 먹어보고 있어요. 심지어 여기 있는 포틀랜드 맥주들은 정말 끝내주거든요." 〈탑 셰프 마스터Top Chef Masters〉 시즌 4의 우승자이자, 샌프란시스코의 유명 레스토랑 콕스콤Cockscomb의 셰프 크리스 코센티노Chris Cosentino는 인터뷰를 마치자마자 손에 들고 있던 맥주를 원샷했다. 1년 후, 그는 포틀랜드 다운타운에 레스토랑 잭래빗Jackrabbit을 오픈했다. *feastportland.com*

외모로 판단하지 마세요

포틀랜더로 말하자면 먼저 그 행색부터가 이상하다. 남자들은 머리를 바짝 자르는 대신 수염을 치렁치렁 달고 다니고, 여자들은 무지개 색깔로 염색을 하고 1980년대 할머니들이 쓰고 다녔을 법한 안경을 쓰고 다닌다(물론 웃기려고 그러는 건 아니다). 남녀노소 할 것 없이 팔다리에는 타투가 그려져 있는데 레터링 수준이 아닌 큼지막한 그림인 경우가 대부분이다. 재미있는 건 껌 좀 씹을 것 같은 인상과는 달리 입을 열었다 하면 세상 친절한 본성이 드러난다는 거다. 하루에 몇 번을 마주쳐도 처음 만난 것처럼 인사를 건네고 길에서 난처한 표정을 짓고 서있기만 해도 먼저 다가와 "뭐 좀 도와줄까?"라고 묻는 사람들이라니. 양보의식은 또 어찌나 강한지, 'STOP' 사인이 있는 곳에서는 서로 양보하느라 그 어떤 차도 출발하지 않을 때도 있다. 웬만해서는 클랙슨 소리가 나지 않아 좋지만 덕분에 많은 운전자들이 실력이 늘지 않은 채로 운전대를 잡으니 가끔 속터지는 상황이 발생하기도 한다.

포틀랜드는 매년 미국 내 살고 싶은 도시를 꼽는 리서치에서 최상위권에 오른다. 그 말이 곧 노숙자들도 살기 좋은 도시임을 의미한다는 건 살아보고 나서야 깨달았다. 노숙자를 위한 시설이 잘 갖춰진 다운타운에서는 특히 많은 노숙자들을 만날 수 있는데, 놀라운 건 노숙자와 비노숙자를 구분하는 일이 쉽지 않다는 거다. 한번은 한 청년의 행색이 너무나 초라해 돈을 좀 쥐어주려고 다가갔다가 주머니에서 아이폰을 꺼내는 바람에 식겁하고 돌아온 적이 있다. 그는 심지어 발매된 지 얼마 되지 않은 최신형 아이폰을 가진 얼리어답터이기까지 했다. 또 한번은 조단을 신고 스노우 피크 가방을 맨 노숙자도 만났다. 가까이 지나가다 맡게 된 숙성된 냄새가 아니었다면 깜빡 속을 뻔했다. 그 후로는 감히 포틀랜드에서 그 행색으로 노숙자를 구분하려 들지 않는다. 자칫하다가는 아주 난처한 상황에 빠질 수 있으니 말이다.

◊

피카톤에서 보낸 여름

시작은 한 장의 사진이었다. 나무로 빼곡히 둘러싸인 깊은 숲속의 무대, 그리고 해먹에 누워 공연을 즐기는 사람들. 딱 1년을 기다려 피카톤 Pickathon으로 향했다. 공연장으로 들어가는 길, 모두가 커다란 가방을 이고 지고 있는 건 캠핑을 함께 즐길 수 있는 뮤직 & 아웃도어 축제이기 때문. 곳곳에 자리 잡은 작은 텐트, 나무마다 걸린 해먹, 그리고 마침 들려오는 케빈 모비Kevin Morby의 목소리. 축제는 이미 시작되었다!

맥주를 받아 들고 산책하듯 갤럭시 반, 마운틴, 트리 라인, 우드 스테이지를 걸었다. 모두가 기쁜 얼굴로 공연을 즐겼다. 누군가는 춤을 추거나 노래를 따라 부르고 또 다른 누군가는 깊은 낮잠에 빠져있었다. 물론 이곳에는 글래스톤베리나 코첼라처럼 세계적인 뮤지션은 없다. 유명한 배우나 모델도 만나지 못했다. 그러나 숲속에 펼쳐진 아름다운 무대, 하늘을 가릴 듯 가리지 않는 천막들, 포틀랜드의 로컬 맥주와 맛있는 음식, 무엇보다 자유롭게 공연을 즐기는, 그러면서도 뮤지션에 대한 매너를 확실하게 지키는 관객들이 있었다.

ESSAY

거기에 일회용컵과 그릇을 일절 사용하지 않고, 이른 아침에 요가 클래스를 여는, 나무 그늘 아래서 마사지를 받을 수 있는 뮤직 페스티벌이라니. 뜨거운 여름, 포틀랜드를 찾는 이들에게 추천하고 싶은 피카톤 뮤직 페스티벌은 해피 밸리 농장에서 열린다. *pickathon.com*

◇

개들의 천국

누구나 며칠만, 아니 하루만 이 도시를 걷다 보면 알아차릴 수 있는 또 하나의 이상함은 도시 자체가 그야말로 '개판'이라는 거다. 포틀랜드에는 유난히 개가 많다. 지상철, 버스 등 대중교통 탑승은 기본이고 대부분의 레스토랑과 숍, 호텔에서 개 입장을 허용한다. 그건 포틀랜더의 개 사랑이 지극하다는 설명이기도 하다. 웬만한 아파트는 개를 위한 물그릇과 과자를 입구에 비치해두고, 개 전용 산책 코스를 두고 있다. 거리와 공원 곳곳에 개 용변을 처리할 수 있는 봉지함이 마련되어 있는 것은 물론이다.

포틀랜드에는 수많은 동물보호단체들이 동물들의 권리를 지키기 위한 활동을 이어가고 있는데, 특히 200년의 역사를 가진 동물보호단체 '휴먼 소사이어티Humane Society'는 사람과 반려동물을 이어주는 중요한 역할을 하는 단체로 유명하다. 반려동물 클리닉을 함께 운영하는 이곳에서 개뿐 아니라 많은 동물이 두 번째 가족을 찾아 떠난다. 포틀랜드에 사는 동안 이웃집 개와 함께 산책을 하는가 하면 호수에서 처음 보는 남의 집 개들과 수영을 하고, 요트를 타고 함께 북태평양을 항해하기도 했다. 본인의 개를 키우지 않아도 이 도시에 사는 동안 흔히 경험할 수 있는 일이다. 반려견과의 해외여행을 계획하고 있다면 포틀랜드를 적극적으로 고려해봐도 좋다!

한번쯤은 러너

서울에서도 달렸다. 러닝클럽과 함께 달리기도 하고 한강에서 혼자 달리기도 했다. 포틀랜드에서도 달린다. 물론 달리는 장소도 달리는 마음도 좀 달라졌다. 가장 큰 변화는 맞은편에서 러너가 달려온다 싶으면 먼 산을 보던 내가 그들과 인사를 한다는 거다. 기록 욕심을 내던 예전과 달리, 길의 풍경이 좋으면 멈추기도 한다. 서울에서는 달리기 자체에 충실했다면 포틀랜드에서는 달리는 배경을 받아들이는 일에 좀 더 여유로워졌다고 할까.

포틀랜더는 정말 열심히 달린다. 비가 와도 바람이 불어도 묵묵히 달린다. 꼭 러너가 아니어도 '러닝의 성지' 포틀랜드에 왔다면 한번쯤 달려야 한다. 그럼 어디서 달려야 하나. 1순위는 바로 비버톤에 위치한 나이키 본사의 러닝 코스다.
본사를 둘러싸고 있는 폭신폭신한 낙엽이 깔린 러닝 코스, 홀리스터 트레일Hollister Trail을 한 바퀴 달리거나 전설의 러닝 트랙, 마이클 존슨 트랙Michael Johnson Track을 달리는 거다. 운이 좋으면 나무에 빼곡히 둘러

싸인 트랙을 혼자서 전세 내고 달리는 호사를 누릴 수 있다. 본사 내 주차는 어려우니 맥스를 타고 가는 것을 추천한다.

비버톤까지 갈 열정이 없는 이들은 다운타운에서 가까운 워터 프론트 파크Water Front Park로 가면 된다. 왼쪽으로 윌래밋강Willamette River, 오른쪽으로는 푸른 잔디를 두고 달리다 보면 어느새 틸리컴 크로싱Tilikum Crossing에 도착한다. 돌아오는 길에는 하얀 요트들이 정박해있는 강변 카페에 앉아 맥주나 커피를 마시는 것도 좋은 생각이다.

아무리 생각해도 혼자 달리는 일이 영 어색하다면 포틀랜드NRCNike Running Club와 함께 뛰어보길. 러너의 수준별로 그룹이 나눠져 있으니 걷는 속도나 달리는 속도나 별 차이 없는 사람이라도 참여할 수 있다. 스스로 좀 뛴다고 자신한다면 포틀랜드를 대표하는 러너들의 모임 '스텀프 러너스'와 함께 뛰어봐도 좋다(@stumprunners). 러닝이 끝난 후에는 간단히 차를 마시거나 식사를 하는 자리가 만들어지니 건강한 로컬 친구를 사귀기에도 그만이다.

●자전거를 타는 이들을 배려하는 도시로 유명한 만큼 곳곳에서 자전거 전용 도로를 찾아볼 수 있다. 반가운 소식은 2015년 나이키와 포틀랜드시에서 함께 제작한 '바이크타운Biketown' 덕분에 저렴한 가격으로 더욱 쉽고 빠르게 자전거를 대여할 수 있게 되었다는 사실! 곳곳에 보이는 오렌지색 자전거가 바로 그 주인공으로 도시 내 100개의 정류장에 1천여 대의 자전거를 구비해 포틀랜더는 물론 여행자들의 편안한 다리가 되어준다.
biketownpdx.com

CHAPTER 1
SHOP

1 Portland Shop

도시가 만들고 성장시킨 포틀랜드의 숍

지속가능한 삶을 추구하는 포틀랜드의 철학은 쇼핑에 있어서도 오롯이 반영된다. 포틀랜더는 한 해 쓰고 버리는 제품이 아닌 환경적, 경제적, 사회적으로 공정한 과정을 거쳐 만들어진 제품을 구매하고 어느 도시에서나 만날 수 있는 브랜드가 아닌 포틀랜드에서 태어나고 성장한 제품을 구매하려고 노력한다. 이 도시로 모여드는 젊은 예술가들이 그러한 문화에 매력을 느껴 자신의 브랜드를 만들어내고, 로컬의 지지를 받는 그들의 브랜드가 계속해서 성장하는 선순환의 구조가 만들어진다. 젠트리피케이션으로 많은 숍이 문을 닫고 새로운 숍이 들어서고 있는 현재의 상황에서도 그 구조는 변함없이 적용되고 있다. 좋은 제품을 사용하는 것이 좋은 삶과 직결된다고 생각하는 이들이 탄생시킨 포틀랜드의 숍.

Johan

요한

---

632 SW Pine St.
shopjohan.com

공간은 주인을 닮는다. 요한의 경우라면 더욱 그렇다. 온통 흰색 벽으로 둘러싸인 미니멀한 공간의 오너 로라 호스가드 Laura Housgard는 미니멀한 디자인과 라이프를 지향하는 미니멀리스트다. 뉴욕에서의 생활을 접고 포틀랜드로 돌아와 자신이 거주하는 아파트에 작은 숍을 열었고 본인이 갖고 싶은 것들만 가져다 놓았다. 이 비밀스러운 숍의 존재가 입소문을 타고 찾는 손님이 많아지면서 장소의 한계를 느낀 그녀는 현재의 매장을 오픈하게 된다.

"사람들에게 무모한 소비를 부축이고 싶지 않아요. 전 세계에 걸쳐 소개할 만한 가치가 있는 것들만 가져오려고 노력하죠. 유행 타지 않는 디자인, 좋은 소재로 만들어 적어도 10년 이상 입을 수 있는 옷, 사용할 수 있는 제품에 매력을 느껴요."
햇빛이 잘 드는 그녀의 공간에는 그녀의 철학에 어울리는 적당한 양의 제품이 적당한 간격을 유지한 채 자리를 지키고 있었다.

Olo Fragrance

올로 프래그런스

SE
1407 SE Belmont St.
olofragrance.com

5년 전만 해도 포틀랜드의 작은 로컬 브랜드에 불과했던 올로 프래그런스는 이제 향수에 관심 있는 이라면 한 번쯤 들어봤을 법한 브랜드로 성장했다. 조향사인 헤더 질라프 Heather Sielaff와 그녀의 남편인 조너선 질라프 Jonathan Sielaff가 오픈한 이곳은 올로의 스튜디오 겸 멀티숍으로 운영된다.
오더 메이드로 제작되는 올로의 향수는 제작은 물론 라벨링과 제품 촬영, 판매까지 모두 두 사람의 손을 거쳐 완성된다. 올로의 모든 향수 컬렉션뿐만 아니라 드림 콜렉티브 Dream Collective, 헤이즐 콕스 Hazel Cox, 에리카 위너 Erica Weiner 등 리빙 제품, 예술 작품과 향기로운 차까지 다양하게 만날 수 있다.
곳곳에 자리한 커다란 식물과 매력적인 향수 보틀은 올로 향기의 아름다운 배경이 되어준다.

Association Shop
어소시에이션 숍

 NE
401b NE 28th Ave.
association-shop.com

누구에게도 알려주지 않고 나만의 숍으로 남겨두고 싶은 단 하나의 공간을 꼽으라면 바로 여기, 어소시에이션 숍이다. 이 매력적인 숍의 주인공은 부부이자 공동 오너인 젠 비탈레$^{Jen\ Vitale}$와 존 비탈레$^{John\ Vitale}$. 캘리포니아주의 해안가에서 거주하다 포틀랜드로 이사 온 부부는 3년 동안 온라인숍을 운영하다가 지난해 오프라인 매장을 오픈했다.

"캘리포니아에 오픈할까 하다가 이곳으로 왔는데 결과적으로 잘 왔다는 생각이 들어요. 포틀랜드에는 없는 스타일의 숍이라 이 도시의 문화에 작게나마 기여했다는 자부심이 들고 훌륭한 아티스트 친구들도 많이 만났거든요."

디자이너 브랜드와 빈티지 옷부터 한정판으로 나온 리빙 제품, 액세서리와 특이한 오브제까지 모두 갖춘 이곳은 아티스트 친구의 제품뿐만 아니라 젠과 존이 직접 만든 제품도 함께 소개한다. 숍 내부는 '어소시에이션 갤러리'라 불러도 부족하지 않을 만큼 아트적으로 완성도 높은 인상을 주는데, 이는 매달 아티스트의 작품을 걸어 전시 공간으로도 활용하고 있기 때문. '의도적인 삶을 함께 살아가는 것에 대한 고마움을 반영한 공간'이라는 젠의 설명에서 예상할 수 있듯 캘리포니아 특유의 여유롭고 느긋한 감성이 느껴진다.

Compound Gallery

컴파운드 갤러리

107 NW 5th Ave.
compoundgallery.com

스트리트 패션을 좋아한다면 이곳을 빠뜨릴 수 없다. 스투시Stussy, 허프Huf, 텐 딥10 Deep, 블랙 스케일 Black Scale 등 스트리트 웨어와 스니커즈를 판매하는 포틀랜드의 대표적인 스트리트 편집숍이다. 이름에 갤러리가 붙는 이유는 스트리트, 팝아티스트들의 작품을 2층 전시 공간에서 소개하고 있기 때문. 곳곳에 나이키, 컨버스, 반스의 한정판 슈즈 등을 전시해 다양한 볼거리를 제공한다. 십여 년 전 오픈했을 당시에는 나이키 CEO 마크 파커가 장난감을 사러 자주 찾았던 장소다.

Pistils Nursery
피스틸 널서리

3811 N Mississippi Ave.
shop.pistilsnursery.com

무엇이든 직접 만드는 DIY 문화가 발달한 포틀랜드에서 식물과 정원을 직접 가꾸는 일 또한 예외일 수 없다. 자연 안에서 건강한 삶을 누리는 포틀랜더의 눈과 코를 즐겁게 하는 이곳은 식물과 꽃, 씨앗을 비롯한 식물을 가꾸는 데 필요한 가드닝 도구와 화병, 화기 등으로 빼곡히 채워진 원예점이다.

포틀랜드의 그린 컬처를 대표하는 숍으로 누구나 탐낼 만큼 매력적인 인테리어까지 겸비하고 있어 식물에 관심이 없던 이들마저도 이곳에서만큼은 예비 원예사를 꿈꾸게 될 정도다. 널찍한 내부 숍을 돌아 왼쪽 문을 열면 나타나는 작은 정원에서는 숍 안에 들어가기엔 덩치 큰 식물들이 여유로이 광합성을 즐기는 모습을 볼 수 있으니 놓치지 말 것.

때마다 유기농 가드닝, 도시 농사와 같은 친환경 주제의 워크숍을 무료로 선보이며, 더 많은 이들을 도시 농부의 길로 인도하는 일에도 열심이다.

몇 년 전 이탈리아의 럭셔리 호텔에서 휴가를 보내는 동안 편안하고 부드러운 침구의 매력에 빠진 아리엘은 미국으로 돌아와 비슷한 제품을 찾았지만 성공하지 못했고, 결국 직접 침구 브랜드를 론칭하기에 이른다. 파라슈트 홈의 모든 제품은 포르투갈, 터키, 이스탄불, 미국의 장인에 의해 만들어지는데 친환경, 무독성 섬유를 평가하는 'Oeko-Tex' 인증을 받았다는 사실을 모른다 해도 직접 손으로 린넨을 쓰다듬어보면 왜 파라슈트 홈이 업계의 인정을 받고 있는지 깨닫게 된다. LA 매장에 비해 규모가 작은 편이지만 포틀랜드 출신 화가의 작품, 로컬 원예점 피스틸 널서리 Pistils Nursery의 식물, 포틀랜드 최고의 리빙숍 스파르탄 숍 Spartan Shop의 가구로 채워 포틀랜드만의 바이브를 느끼게 한다.

Parachute Home

파라슈트 홈

NW
820 NW 23rd Ave.
parachutehome.com

LA 베니스 비치 가까이에 단 하나의 플래그십 스토어를 두었던 럭셔리 침구 브랜드 파라슈트 홈이 2017년 초 포틀랜드의 가로수길이라 불리는 23rd 애비뉴에 두 번째 스토어를 오픈했다. "파라슈트 홈은 제품의 퀄리티와 장인 정신을 가장 중요하게 생각해요. 포틀랜드는 그 어떤 도시보다 이 두 가지 가치를 중요하게 생각하는 곳이죠. 창의적이고 디자인이 존중받는 포틀랜드에 매장을 오픈하고 싶었어요." CEO 아리엘 카예 Ariel Kaye의 설명이다.

Outlet Studio
아웃렛 스튜디오

NE
2500 NE Sandy.
outletpdx.com

일러스트레이터 케이트 빙거먼 버트^{Kate Bingaman-Burt}의 개인 작업실이자 워크숍과 이벤트를 진행하는 공간이다. 케이트는 주로 그날 구매한 물건을 그리는데, 구매한 것이 없는 날에는 그날의 다른 흔적이라도 남겨 하루도 빠짐없이 그림을 그린다. 아웃렛은 그녀의 그림뿐 아니라 포틀랜드의 다양한 아티스트의 작품과 독립출판물 등을 소개하고 그림 수업, 출판물 창간 기념 파티, 소설가의 낭독회 등 재미있는 이벤트를 여는 것으로도 유명하다.

얼마 전 열린 포틀랜드의 뮤직 페스티벌 피카톤 Pickathon에서는 드로잉, 독립출판물로 채워진 작은 책방을 만날 수 있었는데 케이트는 이렇게 사방으로 열심히 뛰어다니며 젊은 아티스트들의 작업을 알리고 사람들이 책과 그림을 더 가까이 접할 수 있도록 돕고 있다. 그녀의 인스타그램(@katebingburt)을 팔로우하고 미리 약속을 잡아 유쾌하고 친절한 케이트와 대화의 시간을 가져봐도 좋겠다.

Project Object

프로젝트 오브젝트

NE
2502 NE Sandy Blvd.
projectobject.co

'여자는 여자를 지지한다 Girls Support Girls'를 새긴 티셔츠, 고양이 모양의 옷핀과 바나나 무늬로 뒤덮인 가방 등 여성이 만든, 여성을 존중하는 제품을 판매한다. 주얼리 브랜드, 어퍼 메탈 클래스 Upper Metal Class의 디자이너로 활동하고 있는 이곳 오너는 베트남 전쟁을 피해 가족과 함께 피난길에 올랐다가 홍콩에 위치한 난민 수용소로 이동하게 되었고 기적적으로 수용소를 찾은 한 미국 부부로부터 후원을 받아 미네소타 행 비행기에 오를 수 있었다.

받은 것을 돌려주고 싶은 그녀는 수입의 일부를 가정폭력 피난소와 여성을 돕는 단체에 기부하고 있다.

Spartan Shop

스파르탄 숍

SE
210 SE Grand Ave.
spartan-shop.com

넓고 확 트인 공간, 눈이 즐거울 만큼 아름다운 리빙 제품으로 가득한 스파르탄 숍에 들어서는 일은 언제나 설렌다.

"제품을 선택하는 데 있어 품질과 수명을 가장 중요하게 생각해요. 유행 따라 쓰고 버려지는 제품이 아닌 시간이 지나도 변함없이 우아한 스타일을 추구하죠."
텍사스 오스틴과 포틀랜드에 매장을 가지고 있는 오너 큐리 펄슨Currie Person은 여러 매체에 인터뷰이로 등장한 셀럽이기도 하다. 계절에 따라 어울리는 제품으로 바뀌지만, 생활에 꼭 필요한 클래식한 아이템이 주를 이룬다는 데는 변함이 없다. 모든 제품이 하나의 작품처럼 빛나지만 케티 본 리먼Kati Von Lehman의 도자기, 사라 바너Sara Barner의 액세서리와 포틀랜드에서 활동하는 작가인 에이미 번스타인Amy Bernstein의 회화 작품은 특히 훌륭하다.

Mantel

맨틀

N
8202 N Denver Ave.
mantelpdx.com

다운타운과는 좀 떨어진 덴버 애비뉴를 굳이 찾아야 하는 이유는 다름 아닌 맨틀에 있다. 벽난로 위에 진열해 놓은 장식품을 일컫는 맨틀Mantel이라는 이름을 가진 리빙숍으로 로컬 미국 디자이너들이 만든 핸드메이드 소품을 주로 취급한다. 맨틀의 오너인 카렌 맥클레란드Karen McClelland는 10여 년 동안 학생들에게 도예를 가르친 도예가이기도 하다. 오랜 시간 직접 세라믹을 만들고 홈웨어 컬렉션과 라이프 스타일 제품을 꾸준히 모으며 길러진 안목은 맨틀만의 제품을 큐레이팅하는 데 훌륭한 배경이 되어주었다.

"케티 본 리먼Kati Von Lehman, 타마라 브라이언Tamara Bryan, 트룰리 킨드레드Truly Kindred, 울프 세라믹Wolf Ceramics 등 로컬 브랜드가 많아요. 주위에서 활동하는 디자이너를 소개하고 지지하는 게 저에게는 가장 중요한 가치이죠."

모던한 세라믹과 주얼리, 중세 시대의 라디오 등 옛것과 새것의 조화, 빈티지한 디자인과 모던한 디자인의 균형 있는 조화를 확인할 수 있다.

Cosube

코수베

SE
111 NE Martin Luther King Jr. Blvd.
cosube.com

Seas를 비롯한 서핑 브랜드는 물론 편안하고 심플한 스타일의 남성, 여성 라이프 스타일 의류까지 두루 선보인다. 게다가 포틀랜드의 유명 커피 브랜드 코아바 커피를 마시며 길고 넓은 테이블에서 맘껏 쉬어 갈 수 있으니 굳이 서퍼가 아니어도 이곳을 찾아야 할 이유는 충분하다.

하와이, 캘리포니아에나 있을 법한 숍을 드디어 포틀랜드도 갖게 되었다. 커피와 맥주, 서핑을 한 공간으로 끌어들인 복합 문화 공간 코수베가 바로 그것이다. 다양한 가격대의 서프보드를 판매하고 맞춤 제작 역시 가능하며 숍에서 직접 서프보드를 제작하는 날 가게를 찾으면, 생맥주를 들이키며 누군가의 서프보드가 만들어지는 과정을 처음부터 끝까지 지켜볼 수 있다는 사실. 주말이면 서부의 해안가로 서핑을 떠나는 이들에게 이보다 매력적인 공간이 또 있을까 싶다.

케틴 USA^{Katin USA}, 빌라봉^{Billabong}, 다크 시즈^{Dark}

The Yo! Store

더 요! 스토어

NW

935 NW 19th Ave.
yoportland.com

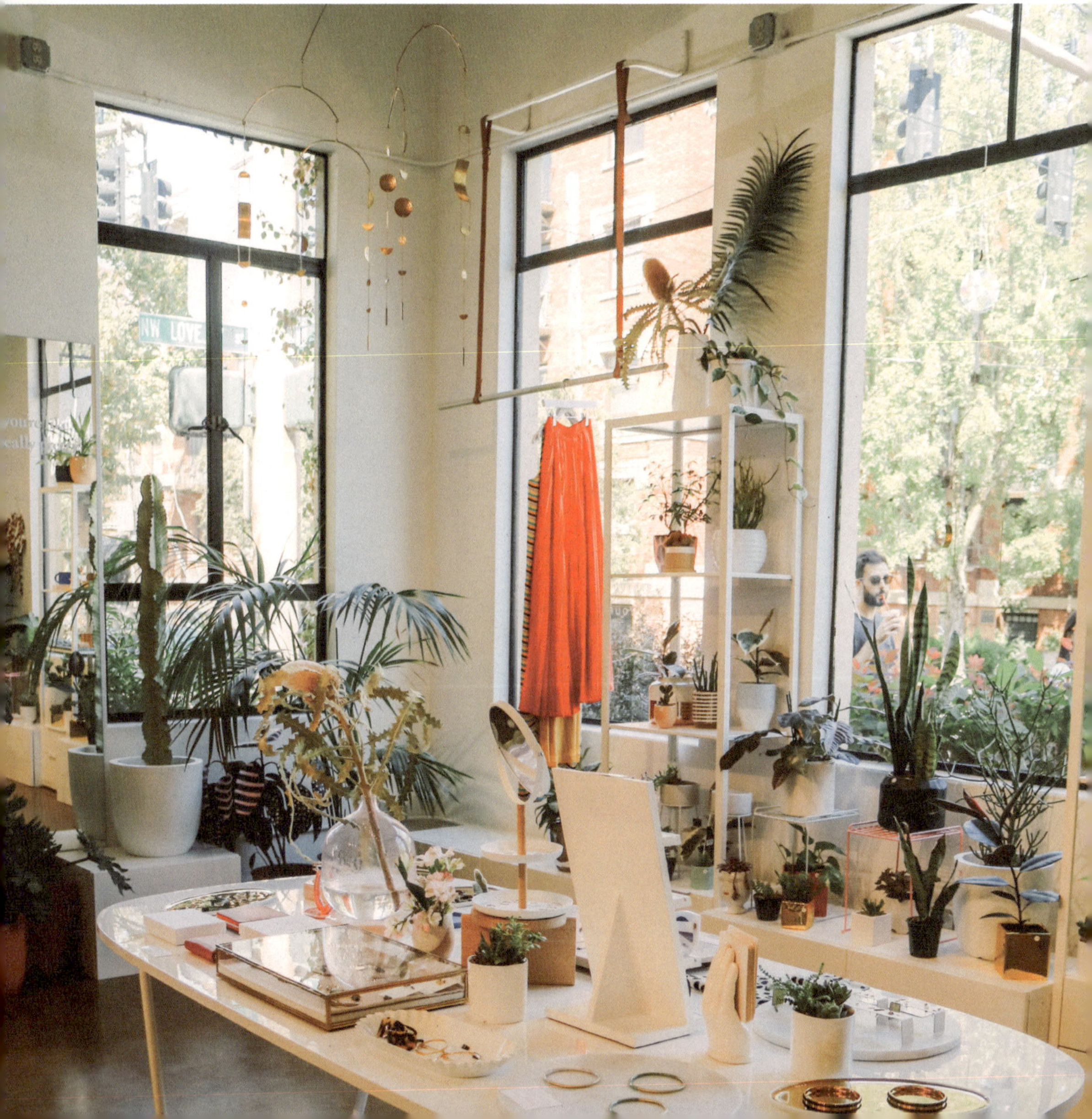

포틀랜드에서 귀여움과 유쾌함을 맡고 있는 숍 더 요! 스토어는 사라 래드클리프 Sarah Radcliffe가 노스웨스트 지역에 연, 두 번째 공간이다. 그녀의 첫 번째 숍이었던 요! 빈티지 Yo! Vintage와 달리, 아동복과 라이프 스타일 제품을 중심으로 소개한다.

아들이 태어난 후 자연스럽게 아동 제품에 관심을 갖게 되면서 기능과 디자인에 충실한 유럽 아동복 브랜드를 들여놓기 시작한 것이다. 세상에 단 하나밖에 없는 빈티지 옷을 발견할 수 있었던 요! 빈티지는 사라졌지만, 사라가 직접 고른 감각적인 키즈, 리빙, 여성 제품을 더 요! 스토어와 온라인 사이트에서 동시에 만날 수 있게 되었으니 아쉬워할 일만은 아니다. 포틀랜드의 내로라하는 마당발 사라는 매달 첫 번째 일요일, 포틀랜드 아티스트와 디자이너가 모여 직접 제품을 판매하는 '선데이즈 콜렉티브 Sundaze Collective'의 큐레이터이기도 하다. 10여 가지의 포틀랜드 브랜드를 한자리에서 만날 수 있는 기회다. (@sundazecollective)

Shop Boswell
숍 보즈웰

SE
729 SE Morrison St.
shopboswell.us

포틀랜드의 모자 디자이너 브룩스 보즈웰Brooks Boswell이 오픈한 숍으로 모자는 물론 옷과 액세서리, 리빙 제품까지 다양하게 선보인다. 건축, 순수미술과 섬유 디자인에 깊은 조예를 지닌 디자이너가 꾸민 공간인 만큼 큐레이팅도 감각적이다. 큰 창으로 쏟아지는 햇빛은 녹색 식물과 캔버스 의자를 은은히 비추고 높은 천장으로 이어지는 소품들은 조화롭게 배치되어 있다.

옷가게보다는 어느 작가의 스튜디오 느낌을 내고 싶었다는 브룩스의 의도처럼, 진열된 옷과 액세서리에서도 그녀의 취향이 뚜렷하게 드러난다. 1960년대 포크 아트 감성, 오버사이즈 실루엣, 파스텔 색감의 의상, 30개의 독립 디자이너 브랜드를 갖췄음에도 불구하고 마치 하나의 컬렉션으로 비치는 것이 그 의도의 결실. 옷도 좋지만, 숍 보즈웰의 주인공은 역시 그녀가 직접 디자인한 모자다. 창이 넓은 사파리 스타일 모자부터 너풀너풀한 밀짚모자, 까끌까끌한 촉감이 매력적인 도자기 접시, 넉넉하고 멋스러운 셔츠 드레스, 손가락 모양 귀고리와 귀여운 일러스트가 그려진 엽서까지 숍 보즈웰에서는 원하는 무엇이든 찾을 수 있다.

WM Goods
더블유엠 굿즈

1136 SW Alder St.
shopwmgoods.com

예전 카누^{Canoe} 자리, 그러니까 다운타운 명당을 꿰차고 오픈했다. 'One Stop Shop For Rad Ladies'라는 숍 슬로건답게 여성 의류는 물론, 신발, 액세서리, 화장품, 리빙 아이템들까지 한자리에 불러 모았다.
"그 어디에서도 찾을 수 없는 물건과 디자이너를 소개하고 싶었어요. 그래서 소규모 브랜드와, 이름있는 디자이너의 제품을 섞어 숍에 배치했어요." 이것이 휘트니 굿맨^{Whitney Goodman}이 의도하는 가게의 모습이다. 헤이디 메릭^{Heidi Merrick}, 제니 케인^{Jenni Kayne} 등의 의류와 팔레모 바디^{Palemo Body} 화장품, 줄리아 폴 포트리^{Julia Paul Pottery} 그릇 등 여성들을 위한 아이템이 종합선물세트처럼 펼쳐진다.

Made Here PDX

메이드 히어 PDX

NW
40 NW 10th Ave.
madeherepdx.com

포틀랜드 공항의 코드인 PDX는 포틀랜드를 부르는 또 하나의 이름으로 쓰인다. 포틀랜드에서 만들어진 무언가를 한 번에 구경하고 싶다면 메이드 히어 PDX만한 곳이 없다.

대량 생산, 대량 소비를 거부하는 포틀랜드 문화는 지역의 다양한 핸드 크래프트 브랜드를 탄생시켰는데 메이드 히어 PDX는 그 이름에 걸맞게 이곳에서 만들어진 수많은 핸드 크래프트 브랜드, 그중에서도 양질의 제품만을 엄선하여 가져다 놓았다. 몇 대에 걸쳐 사용해도 거뜬할 만큼 튼튼한 파이넥스 캐스트 아이론Finex Cast Iron의 리빙 제품, 포틀랜드 남자라면 하나쯤 걸치고 있는 드헨Dehen 1920의 의류, 꽃향기 가득한 에이지 오브 얼스 콜렉티브Age Of Earth Collective의 뷰티 제품과 자전거, 기타, 소금, 가구까지 장르를 망라한 제품이 다 모였다. 여행 기념품을 장만하기에도 그만이다.

Solabee
Flowers &
Botanicals

솔라비 플라워즈 앤 보태니컬즈

801 N Killingsworth St.
solabeeflowers.com

여행 기간 동안 숙소에 꽂아두는 꽃은 여행의 질감을 바꾸기도 한다. 그렇기 때문에 한 도시를 여행하는 동안 꼭 찾아가는 곳이 꽃집, 원예점이다. 웨스트 엔드 동네에 자리잡았다가 노스 포틀랜드로 이전한 솔라비 플라워즈 앤 보태니컬즈에는 여행 숙소가 아닌 집으로 데려가고 싶은 아름다운 꽃과 식물로 가득하다. 포틀랜드의 여느 원예점과 비교했을 때 확실히 저렴한 가격으로 구매할 수 있다는 점도 매력적이다.

Nationale

내셔널

3360 SE Division St.
nationale.us

이곳의 오너이자 디렉터인 메이 보렐May Baurrel은 제품, 퍼포먼스, 전시를 통해 동시대의 감각적인 예술을 소개하기 위해 애쓴다. 아트 갤러리 겸 부티크숍으로 6년 전, 지금보다 작은 공간에 문을 열고, 이전을 하고, 현대 예술과 디자인을 오가는 전시를 선보이는 동안 변함없이 포틀랜더의 지지를 받으며 성장하고 있다.

시즌마다 새로운 작가의 작품은 물론 로컬 디자이너의 액세서리, 아트북과 아트 오브제, 리빙 제품이 가지런히 진열되어 있는 모습을 발견할 수 있다.

Portland Gear

포틀랜드 기어

205 SW Pine St.
bythecollective.com

2014년 포틀랜드 출신의 25세 청년이 만든 브랜드로 단순히 티셔츠, 모자에 P 하나 그려 넣어 인기를 모았다. 포틀랜드 어느 페스티벌에 가든 민트색 폭스바겐 차를 발견할 수 있는데 바로 포틀랜드 기어의 홍보카다. P 또는 Portland를 넣은 티셔츠를 시작으로 모자와 병따개 등 그 영역을 무한 확장하며 포틀랜드를 찾는 관광객들에게 인기몰이를 하고 있다. 포틀랜드라는 도시 자체를 하나의 브랜드로 활용한 그의 아이디어가 확실히 통한 셈이다.

West End
Select Shop

웨스트 엔드 셀렉 숍

---

927 SW Oak St.
westendselectshop.com

포틀랜드 여러 곳에 가게를 둔 앤디 바코스Andi Bakos 의 작품 중 하나. 오랫동안 의류 업계에 발을 들여온 그녀는 나이키 제품 매니저, 트렌드를 보고하는 프리랜서를 거쳐, 일본에서 1년 간 시간을 보냈다. 포틀랜드로 돌아와 일본 특유의 디자인에서 영감을 받아 오픈한 가게가 바로 웨스트 엔드 셀렉 숍이다. 가게 대문에는 쇼지 종이를 걸고, 벽면은 하얗게 타일로 꾸몄는데 덕분에 작은 공간임에도 불구하고 옷과 소품이 눈에 잘 들어온다. 이미 유명한 블랙 크레인Black Crane은 물론, 대리석과 금속으로 작업한 액세서리를 선보이는 네덜란드 브랜드 오폼Oform과 부다페스트에서 온 의류 브랜드 나누슈카Nanushka 등 다양한 제품을 소개한다.

Maak Lab
마크 랩

916 W Burnside St.
maaklab.com

다운타운 번사이드를 걷다가 무심한 듯 아름다운 인테리어에 반해 자기도 모르게 숍 안으로 들어섰다면, 그곳이 마크 랩일 가능성이 크다. 차가운 시멘트에 둘러싸인 이곳이 깊숙한 숲속의 향으로 채워졌다는 건 첫 번째 반전, 뷰티 제품을 만드는 공간이라는 건 두 번째 반전이다. 마크 랩은 그 이름에서 연상할 수 있듯 지역에서 나고 자란 나무, 식물, 꽃을 재료로 향을 연구하고 제품으로 만들어 판매한다. 오리건의 자연에서 잠깐씩 누리는 향을 비누와 캔들, 향초로 만들어 생활 안에서 오래도록 즐기고 누릴 수 있도록 한 것이다. 여러 브랜드와 함께 제작한 멋진 협업 제품도 눈여겨볼 것.

Seven Sisters
세븐 시스터즈

NE
811 E Burnside St. #110
sevensisterspdx.com

여성 의류와 소품을 취급하는 세븐 시스터즈는 이름에 걸맞게 여성 디자이너를 지지하는 역할을 이어가고 있다. 자연을 존중하고 윤리 경영을 준수하는 여성 디자이너들의 작업을 소개하되, 유행 타지 않고, 퀄리티 좋은 제품을 선보이는 것을 목표로 한다. '우리 집에 놓지 않을 제품은 숍에서 팔지 말자'라는 그들의 신조처럼 오너의 취향을 잘 보여주는 모던한 의상이 대부분이다. 핫한 스페인 브랜드 팔로마 울Paloma Wool의 의류와 신발부터 직접 제작한 시스터즈 열쇠고리, 낸 콜리모어Nan Collymore의 볼드한 주얼리까지 다양하게 소개한다.

Woonwinkel

운윙클

935 SW Washington St.
woonwinkelhome.com

나이키 디자이너 출신의 오너가 오픈한 자유롭고, 재기발랄한 리빙 셀렉숍. 독일어로 'Home Shop'을 의미하는 운윙클은 컬러풀하고 톡톡 튀는 리빙 제품, 가구, 주얼리 등을 전 세계에서 들여오는데 특히 오리건 지역 디자이너의 핸드 크래프트 제품을 자주 소개한다. 가게에서 직접 제작한 보석 모양으로 비누도 귀엽고, 기하학적인 형상의 카라반 퍼시픽 화병Caravan Pacific Vase 또한 유쾌하다. 아기자기하고 독특한 디자인 제품을 좋아하는 이들에게 추천하는 숍.

Frances May
프란시스 메이

1003 SW Washington St.
francesmay.com

오랜 시간 포틀랜드를 대표하는 편집숍으로 사랑받고 있는 프란시스 메이. 디자인과 퀄리티를 모두 따지는 깐깐한 포틀랜더라면 모두 이곳을 거쳐갔다 해도 과장이 아니다. 단지 제품을 파는 데만 집중하지 않고 매번 지역 아티스트와 멋진 윈도우 설치 작업을 선보인다는 점이 특히 훌륭하다. 덕분에 프란시스 메이의 윈도우는 많은 관광객의 포토존이 되기도 한다.

클래식한 의류 브랜드를 고집하는 동시에 신진 디자이너를 찾아 애쓰는 그들의 철학은 매장에서 쉽게 목격할 수 있다. 아크네 스튜디오$^{Acne\ Studios}$, 아페쎄$^{A.P.C}$, 레이첼 코미$^{Rachel\ Comey}$의 옷을 꾸준하게 소개하고 비티엘엔^{BTLN}, 포틀랜드 가먼트 팩토리$^{Portland\ Garment\ Factory}$, 티로 티로$^{Tiro\ Tiro}$ 등 로컬 브랜드도 다양하다.

Canoe

카누

1233 SW 10th Ave.
canoeonline.net

포틀랜드가 유명해지기 전부터 포틀랜드를 지키고 있었던, 어디에도 빠지지 않고 등장하는 대표적인 리빙숍이다. 쓰레기통 하나, 젓가락 한 세트라도 아름다운 것을 추구하는 이들에게 흥미로운 볼거리를 제공한다. 사이좋게 진열된 모든 제품 옆에는 숍의 대표 크래이그 올슨Crag Olson이 일일이 그 제품을 소개해놓은 글이 있다. 제품을 사용하는 사람이 그 제품을 만든 사람과 그들의 철학에 대해 알고 쓰는 것이 무엇보다 중요하다고 생각하기 때문이다. 메이드 인 포틀랜드 제품보다는 세계 곳곳을 여행하며 찾아온 새로운 제품을 소개하는 데 주력한다.

The Good Mod
더 굿 모드

1313 W Burnside St.
thegoodmod.com

에브리데이 뮤직 건물의 오래된 엘리베이터를 타고 4층으로 올라가면 2천 스퀘어피트의 엄청난 규모를 가득 채우고 있는 중세 가구를 만날 수 있다. 보기 좋게 진열된 노만 체르너Norman Cherner, 핀 율Finn Juhl, 마리오 벨리니Mario Bellini, 에릭 벅Erik Buck의 가구를 직접 앉아보고 누워보고 체험할 수 있어 반가운 장소다. 에이스 호텔, 폴러 스터프, 태너 굿즈, 하트 커피 로스터 등 포틀랜드에서 태어난 많은 브랜드들이 이 숍의 주요 클라이언트다.

Alder & Co.
알더 앤 코

(SW)
616 SW 12th Ave.
alderandcoshop.com

햇빛이 쏟아지는 큰 창 안으로 프렌치 캔들, 오리건 메이드 세라믹, 일본 디자이너의 드레스, 유럽에서 건너온 화장품에 이르기까지 취향이 확실한 이들을 위한 아이템으로 채운 알더 앤 코 매장은 포틀랜드식 '앤트로폴로지Anthropologie'를 연상케 한다. 로맨틱한 분위기가 물씬 느껴지는 건 가게 한쪽에 자리한 플라워숍 때문. 카누Canoe와 함께 포틀랜드 라이프 스타일 숍을 소개하는 페이지에 빠지지 않고 등장하는 이름이다.

Self Edge
셀프 엣지

1022 Burnside St.
selfedge.com

샌프란시스코, 뉴욕, LA에 이어 포틀랜드에 문을 연 셀프 엣지는 퀄리티 높은 남성 캐주얼 의류를 선보이는 곳으로 유니온 웨이 안에 위치하고 있다. 주요 아이템은 데님과 셔츠, 그리고 가죽 액세서리. 직접 만든 의류는 물론 드라이 본즈^{Dry Bones}, 미스터 프리덤^{Mister Freedom}, 와일드 차이드^{Wild Child} 등 콘셉트에 맞는 다양한 브랜드를 소개하며, 만족도 높은 AS로 더욱 인기다.

Lowell
로웰

819 N Russell St.
lowellportland.com

아리조나에서 온 디노Dino와 마야Maya가 운영하는 로웰은 2011년 엘리엇 지역의 거친 동네에 처음 문을 열었다. 세심하게 선별한 도자기, 홈 액세서리, 주얼리와 독특한 오브제를 통해, 이들의 고향인 미국 남서부 지역의 감성을 뚜렷하게 느낄 수 있다. 마야는 그녀의 의류 라인인 사무엘스Samuels를 통해 심플하면서도 모던한 여성복을 만들고, 디노는 손으로 직접 도자기를 빚는다. 가게 앞면에 있는 간판 또한 디노의 작품이다. 작은 디자인 스튜디오들과의 협업 아래 탄생한 특수 제품 또한 로웰에서만 구할 수 있는 것들이다.

Tanner Goods
태너 굿즈

4719 N Albina Ave.
tannergoods.com

지금은 샌프란시스코와 LA에도 지점이 있지만, 태너 굿즈는 포틀랜드에서 처음 시작한 가죽 전문 숍이다. 가방, 벨트, 지갑 등의 가죽 제품은 모두 태평양 연안 북서부 지역에서 수작업으로 제작된다. 10년 전 웨스트 번사이드 지역에서 작은 규모로 시작한 태너 굿즈는 그때보다 4배 더 큰 지금의 자리로 옮기며 포틀랜드의 남자라면 하나씩 가지고 있는, 포틀랜드의 대표 가죽 브랜드 중 하나가 되었다. 알비나 매장에는 그야말로 남자를 위한 모든 제품을 구비하고 있는데, 자매 브랜드인 마자마 웨어즈 Mazama Wares의 작은 숍, 턴테이블과 LP, 다른 남성 브랜드의 의상과 신발, 책과 안경, 향수와 비누까지 모두 판매한다. 최근 매장 뒤쪽에 바를 오픈해 쇼핑과 칠링을 한자리에서 즐길 수 있다.

Una
우나

SE
922 SE Ankeny St.
unanegozio.com

아무것도 없을 법한 로어 번사이드의 한적한 거리에 위치한 숍. 탁 트인 공간에 들어서면 포틀랜드에서 구하기 어려운 브랜드의 옷과 제품들이 진열되어 있다. 레스토랑 파트에서 소개한 나바르Navarre와 루체Luce의 오너이기도 한 지오반나Giovanna가 오픈한 편집숍으로 20대보다는 30, 40대 취향에 가까운 옷과 주얼리가 대부분. 운이 좋으면 마리암 나시르 자데Maryam Nassir Zadeh의 신발을 60% 할인된 가격에 구매할 수 있다.

Wildfang

와일드팽

404 SW 10th Ave.
wildfang.com

톰보이 스타일을 좋아하는 여자를 위한 숍. 나이키에서 브랜드 마케터로 일한 엠마 맥길로이^{Emma Mcilroy}와 타릴린 투오트^{Taralyn Thuot}는 남성과 여성으로 나뉘는 패션 시장에서 자신들이 원하는 스타일을 찾을 수 없었고 '여성을 위한 남성복'을 만들기로 결심한다. 웹사이트를 오픈하고 한 달 만에 2만여 명의 회원이 생겼다는 사실에서 알 수 있는 건, 많은 여성들이 레이스와 핑크색의 여성복이 아닌 보이시한 블레이저와 볼드한 그래픽 티셔츠를 찾고 있었다는 사실이다. 한 달에 한 번, 사회 소수자들을 위한 강연을 열고, 사회 운동에도 적극적으로 참여하고 있다.

Jaefields By The Collective

제이필즈 바이 더 콜렉티브

205 SW Pine St.
bythecollective.com

남자를 위한 편집숍이자 스튜디오 그리고 바버숍인 제이필즈 바이 더 콜렉티브. 이곳에서 판매하는 대부분의 제품은 우키 필즈^{Wookie Fields}와의 협업으로 이뤄진 의류 라인 제이필즈^{Jaefields}로 스포티한 티셔츠, 반바지와 재킷 등이 대부분이다.
신발이 많지는 않지만 가끔 구하기 힘든 에어 조던 라인을 들여다 놓고, 제이필즈가 대부분이긴 하지만 비슷한 느낌의 다른 브랜드 역시 만날 수 있다. 새롭게 시작하는 디자이너를 상대로 의류 제작, 화보 촬영 등의 콘텐츠를 제공하는가 하면 미리 예약한 이들에 한해 머리도 잘라주기도 하는 재미있는 공간이다.

Kiriko Made
키리코 메이드

325 NW Couch St.
Kirikomade.com

포틀랜드의 대표 스트리트 편집숍 컴파운드 갤러리 Compound Gallery의 오너 카쓰 다나카Katsu Tanaka가 만든 브랜드로 매장에 들어서면 도쿄의 어느 숍에 들어온 것 같은 느낌마저 든다. 그만큼 일본 스타일이 강한, 일본식 옷감과 포틀랜드의 디자인을 결합한 패트릭 브랜드를 선보인다. 옷감은 일본 후쿠오카에서 공수하고, 제작은 포틀랜드에서 이뤄지는데 옷은 물론 다양한 아이템으로 확고한 캐릭터를 만드는 데 성공했다.

'천은 옷의 모든 것, 옷감은 곧 이야기'라는 그들의 철학을 반영하듯 퀄리티 높은 소재의 패션, 리빙 아이템을 만날 수 있다.

The Athletic Community

더 애슬레틱 커뮤니티

925 NW 19th Ave.
theathleticcommunity.com

이름에서 연상할 수 있듯 운동복을 만든다. 자체 제작도 하고 세계의 여러 브랜드와 함께 협업 제품을 만들기도 한다. 그중에서도 이들의 이름을 날리는 데 가장 큰 기여를 한 건 바로 양말이다. 지금도 열심히 양말을 만든다. 그중 15cm가 넘는 청록색 양말 디자인이 특히 눈에 띄는데, 바로 포틀랜드 공항의 카펫 모양을 본뜬 것이다. 믿기 힘들겠지만 애슬레틱 커뮤니티의 최고 인기 아이템이다.

Nike Portland
나이키 포틀랜드

---

638 SW 5th Ave.
nike.com

나이키의 고향 포틀랜드에 왔다면 다운타운에 위치한 나이키 포틀랜드를 찾아야 한다. 매장을 들어서면 높은 천정에 걸린 조단의 동상이 시선을 사로잡는다. 곳곳에 걸린 나이키의 역사를 보여주는 사진과 문구가 작품처럼 걸려있어 나이키 스토어라기보다는 나이키 갤러리에 가깝다.

나이키 포틀랜드는 단지 옷과 신발을 파는 매장이 아니다. 2층에서는 나이키 아이디를 통해 자신만의 운동화를 디자인할 수 있고, 1층 트레드밀에 올라 달리면 자세를 교정받거나, 본인에게 가장 적합한 디자인의 운동화를 추천받을 수 있다. 제품을 판매하는 곳이 아니라 경험하게 하는 곳. 나이키 포틀랜드를 방문해야 할 이유다.

Jacobsen
Salt Co.

제이콥슨 솔트 컴퍼니

SE
602 SE Salmon St.
jacobsensalt.com

오리건 코스트에 자리한 네타츠 베이 Netarts Bay는 차갑고 맑은 해수로 유명한데, 이곳은 오리건 태생의 유명 브랜드 제이콥슨 솔트 컴퍼니의 고향이기도 하다. 부드러운 질감과 순수한 맛으로 유명해진 제이콥슨표 소금은 전문 셰프는 물론, 가정 주부들의 마음까지 사로잡았다. 아무것도 넣지 않은 순수한 바다 소금과 각종 식재료로 맛을 낸 소금으로 알려져 있지만, 칵테일 소금, 각종 모듬 양념과 선물 세트, 또 하나의 유명한 이름 비 로컬 허니 Bee Local Honey도 만날 수 있다. 굳이 직영 매장을 찾지 않아도 포틀랜드의 숍과 마켓 곳곳에서 구매가 가능하다.

Schoolhouse Electric & Supply Co.

스쿨하우스 일렉트릭 앤 서플라이 컴퍼니

2181 NW Nicolai St.
schoolhouse.com

스쿨하우스 일렉트릭 앤 서플라이 컴퍼니의 플래그십 스토어이자 쇼룸으로 웨어하우스, 제조 공장과 디자인 사무실이 한 건물 안에 자리 잡았다. 빈티지 물건에서 영감을 받은 조명부터 리넨, 가구와 시계까지, 집은 물론 사무실을 꾸밀 수 있는 물건들로 가득 채워져 있다. 가게 안에 위치한 리스트레토 로스터스Ristretto Roasters의 맛있는 커피를 홀짝이기도 하고, 거대한 규모의 숍을 가득 채운 리빙 제품, 예술 작품 컬렉션을 구경하다 보면 시간이 훌쩍 가버린다.

Snow Peak
스노우 피크

410 NW 14th Ave.
snowpeak.com

캠핑 브랜드 스노우 피크의 미국의 첫 번째 리테일 스토어가 포틀랜드에 위치하고 있다. 'Natural Lifestyle Creator'를 모토로 1958년부터 시작된 일본 브랜드로 캠핑 용품은 물론 2015년부터 시작한 여성, 남성 의류 라인까지 다양하게 소개한다. 세일은 좀처럼 하지 않아 아쉬운 느낌이 있지만 다양한 라인의 제품을 한 번에 구경하는 재미가 있다. 맞은편 텐 베럴 브루잉10 Barrel Brewing 대기 명단에 이름을 써두고 참새처럼 들리는 방앗간이기도 하다.

Heir
헤어

515 SW Broadway.
heirportland.com

스트리트 패션, 특히 슈프림을 좋아한다면 헤어 포틀랜드를 빠뜨려서는 안 되겠다. 2017년 10월에 오픈한 헤어 포틀랜드를 우연히 찾았다가 맘에 쏙 드는 슈프림 빈티지 셔츠를 건졌다. 빈티지 리미티드 에디션이 대부분이라 가격대는 좀 있는 편.
포틀랜드에서는 좀처럼 찾기 힘든 스트리트숍으로 젊고 에너지 넘치는 크루들을 구경하는 재미도 더해진다. 모건스 알리Morgan's Alley 빌딩 안에 숨어있다.

Carter & Rose

카터 앤 로즈

SE
3601 SE Division St.
carterandrose.com

카터Carter와 로즈Rose는 오랜 친구다. 함께 보내온 세월 동안 그들은 아름다우면서도 실용적인 가정 제품을 만들기 시작했고, 그것을 판매할 수 있는 숍을 꿈꿔왔다. 카터 앤 로즈는 바로 이들의 오랜 꿈의 결실이다. 두 사람 모두 세라미스트이자, 플로리스트이기에 수업을 진행하기도 하는데 원데이 클래스는 물론 2박 3일 일정의 아트 캠프도 있다. 그들이 직접 만든 작품을 비롯하여 로컬 아티스트의 작품을 함께 소개한다. 필드 트립Field Trip 가까이 위치하고 있어 함께 들리기 좋다.

Field Trip

필드 트립

SE
3725 SE Division St.
shop-fieldtrip.com

디비전 스트리트에 위치한 부티크숍. 스킨케어와 뷰티 제품, 리빙 제품을 소개한다. 간간히 열리는 워크숍을 통해, 지역 작가들과 그들의 제품을 소개하는가 하면 실을 엮어 만드는 장식품 마크라메 Macramé, 향초 등 여러 제품을 함께 만들 수 있는 클래스를 진행한다. 숍 안에 작은 커피 바에서 커피를 주문하고 숍 안쪽에 자리한 야외 테이블로 자리를 옮겨 광합성하는 것이 필드 트립을 즐기는 팁이다.

Keen
킨

NW
505 NW 13th Ave.
keenfootwear.com

포틀랜드에서 시작한 또 하나의 아웃도어 브랜드. 샌들부터 등산화, 부츠, 워커, 가방, 양말 등 다양한 라인을 선보인다. 킨의 첫 번째 샌들 뉴포트는 "발가락을 보호하도록 샌들을 디자인하는 것이 가능한가?"라는 질문에서 시작했고 킨은 그것이 가능하다는 것을 증명했다. 킨 매장은 캘리포니아 팔로 알토와 이곳 포틀랜드뿐. 헤드쿼터 매장답게 제품 판매뿐 아니라 브랜드의 역사를 보여주는 공간이다.

Danner

대너

1022 W Burnside St i.
danner.com

1932년에 대너의 첫 번째 부츠가 세상에 공개된 후 회사는 수많은 변화를 겪었지만, 정교한 제품을 만들기 위한 노력과 장인 정신은 변함없다. 눈으로 보기만 해도 남다른 깊이가 느껴지는데, 직접 신어보면 수제화가 주는 다른 품격을 더 직접적으로 느낄 수 있다. 정성을 들여 만든 신발인 만큼, 일반 부츠보다 수명이 길다. 많은 오리거니안들이 대너 부츠를 장만하는 이유다. 다운타운 유니온 웨이 안에 매장이 있어 멀리 팩토리 스토어까지 가지 않고도 편안하게 쇼핑을 즐길 수 있다.

Pendleton Home Store

펜들턴 홀 스토어

220 NW Broadway.
pendleton-usa.com

오리건에서 탄생, 150년이 넘는 전통을 자랑하는 울 전문 브랜드 펜들턴. 오리건 지역 인디언에게 패턴 담요를 판매하면서 시작된 펜들턴은 6대째 가업을 기어가고 있으며 나이키, 에이스 호텔 등 세계적인 브랜드와의 협업을 통해 전통을 지키면서도 젊은 층에 어필하는 최고의 브랜드로 자리 잡았다. 여성복, 남성복, 액세서리 등 다양한 제품 라인을 가지고 있지만 압도적인 인기 제품은 담요다. 울 100%의 담요, 부담없는 가격대의 인디언 패턴의 비치 타월은 포틀랜드에 온 이들이 하나씩 장만해가는 필수 쇼핑 아이템으로 꼽힌다.

Poler Flagship Store

폴러 플래그십 스토어

SW

413 SW 10th Ave.
polerstuff.com

창립자 벤지 와그너는 오리건의 스포츠 브랜드와 작업하는 사진 작가였다. 그는 지천에 자연이 자리 잡고 있고, 장소에 구애받지 않고 캠핑과 아웃도어 활동을 즐길 수 있는 포틀랜드에서 아웃도어 브랜드 폴러 스터프를 만들었고 우리나라를 포함해 전 세계 20여 개국에서 만날 수 있는 기업으로 성장시켰다. 캠핑을 포함한 전통적인 야외 활동과 다소 '와일드'한 스포츠의 격차를 줄이기 위해 만들어진만큼 아웃도어를 즐기는 이들뿐 아니라 도시의 일상적인 삶에서 유용하게 입고 사용할 수 있는 아이템이 가득하다. 자주 세일을 하고 그 내용은 인스타그램(@polerportland)에 공지한다.

Back Talk

백 토크

421 SW 10th Ave.
backtalkpdx.com

케이티 프리들Katie Freedle은 릴릴RillRill의 보석 디자이너이자 백토크의 오너다. 릴릴과 같이 지역 디자이너의 제품과 전 세계의 소규모 아티스트 브랜드 제품을 소개한다.

"저는 대량 생산에 반대해요. 장인 정신, 윤리적 생산 및 지속가능성에 가치를 두죠. 포틀랜드에는 저와 같은 생각을 하는 사람들이 많아요. 많은 아티스트가 생겨나는 이유이기도 하죠."

포틀랜드에서 나고 자란 그녀의 가게답게 딱 포틀랜드 스타일의 귀엽고 재미있는 아이템이 가득하다.

See See Motorcycles

씨 씨 모터사이클스

NE
1642 NE Sandy Blvd.
seeseemotorcycles.com

가죽 재킷과 엔진 오일을 쇼핑할 수 있는 숍과 커피숍이 함께 마련되어 있어 포틀랜드의 바이커들이 방앗간처럼 찾는 곳이다. 벽에는 동물의 송곳니, 날개와 호랑이 무늬로 장식된 헬멧이 걸려있고, 책꽂이에는 모터사이클 잡지인 〈아이론 앤 에어Iron & Air〉와 〈더 월드 오브 모터사이클The World of Motorcycle〉 백과사전을 비롯한 바이크 관련 서적, 바이크가 그려진 오랜 음반이 자리 잡고 있다. 오너의 지극한 바이크 사랑이 절절하게 느껴지는 공간.

Velo Cult Bike Shop

벨로 컬트 바이크 숍

1969 NE 42nd Ave.
velocult.com

자전거 문화가 발달한 포틀랜드인 만큼 거리 곳곳에서 자전거 관련 상품을 파는 숍을 찾아볼 수 있는데, 그중에서도 벨로 컬트 바이크 숍의 이름은 유명하다. 자전거와 부품 판매, 수리와 함께 10여 종이 넘는 수제맥주를 파는 맥주 바도 마련되어 있기 때문이다. 플로어에서는 음악 공연이 펼쳐지고 천장에는 자전거가 매달려 있고 이곳의 직원들은 반짝이는 디스코볼 아래에서 자전거를 고친다. 포틀랜드스러운 이색적인 공간이 아닐 수 없다.

Beam & Anchor

빔 앤 앵커

2710 N Interstate Ave.
beamandanchor.com

1층 문을 열고 들어서면 먼저 포틀랜드 다운타운의 여느 리빙숍과는 다른 널찍한 스케일에 놀라게 된다. 1층 숍은 판매하는 공간 2층은 아티스트의 작업실로 쓰여지는데, 2층에서 만들어진 제품이 1층으로 내려오는 식이다. 구석구석 허투루 쓰는 공간 하나 없이 세팅되어 있는 숍 안에는 의자와 테이블, 지갑과 향초, 스카프와 목걸이 등 다양한 아이템이 보기 좋게 진열되어 있다.

2 Book Store

지속가능한 가치를 추구하는 포틀랜드의 서점

포틀랜드 출판 업계에는 두 가지 특징이 있다. 대부분의 서점이 중고 서적과 신간 서적을 함께 취급한다는 것이 첫 번째이고, 독립출판물의 비중이 높다는 것이 두 번째다. 첫 번째 특징은 포틀랜드를 대표하는 파월 북스에서부터 확인할 수 있다. 서점 곳곳에 중고 서적이 자리 잡고 있고 저렴한 가격에 구매할 수 있다. 포틀랜드는 인쇄 공방, 활판 공방, 제본기 등 책을 만들기 위한 시스템이 잘 갖춰져 있어 독립출판 서적을 어렵지 않게 만들 수 있고 독립출판 서적만을 취급하는 서점도 여럿이다. 지속가능한 가치를 추구하고 개인의 취향을 존중하는 문화가 반영된 포틀랜드의 서점을 소개한다.

Powell's Books
파월 북스

1005 W Burnside St.
powells.com

1971년 오픈한, 미국에서 가장 큰 독립 체인 서점 파월 북스는 포틀랜드를 상징하는 또 하나의 이름이다. 여러 층으로 구성된 매장을 떠돌다 보면 길을 잃기 일쑤지만 그 시간조차 정겹고 아름답게 여겨지는 건 파월 북스만이 갖고 있는 전통과 특수성에 있다. 스태프가 손글씨로 쓴 추천책 코멘트가 곳곳에 붙어있고, 저자의 사인이 담긴 중고책을 발견할 수 있는 곳을 찾기란 쉽지 않을 테니 말이다.
대형 서점들이 시들시들해지고 있지만 변함없이 포틀랜더의 사랑을 받고 포틀랜드를 찾는 모든 관광객이 한번쯤 찾는 곳이다. 낭독회와 출판 기념회 등 책 관련 이벤트가 자주 열리니 관심 있는 이들은 미리 홈페이지에서 이벤트 시간을 확인할 것.

Monograph
Bookwerks

모노그래프 북웍스

5005 NE 27th Ave.
monographbookwerks.com

희귀 예술 서적과 요즘 책들을 한 곳에서 만나볼 수 있는 서점. 회화, 조소, 건축, 그래픽 디자인과 예술 비평 관련 서적이 가장 큰 비중을 이루고 회화, 세라믹과 조소 작품은 물론, 질감이 살아 있는 레터프레스 작업도 자주 눈에 띈다. 작고 아담한 공간인 만큼 사진을 찍고 싶다면 미리 허가를 구해야 한다.

Mother Foucault's Workshop

마더 푸코즈 워크숍

SE
523 SE Morrison S.
facebook.com/MotherFoucaults

내게 단 하나의 서점을 꼽으라면 파월이 아닌 마더 푸코즈 워크숍이다. 2011년 문을 연, 멋내지 않아 더 멋스러운 책방. 오래 머물게 되고 뭔가 하나라도 사서 나오게 되는 매력적인 책방이다. 문학과 철학 서적부터 유럽, 남미 책까지 다양하게 만나볼 수 있고 시 낭송회, 강의와 퍼포먼스 등의 이벤트가 주기적으로 열린다. 곳곳에 놓인 꽃과 책장 앞에 자리한 피아노, 낡은 소파까지 모든 것이 사랑스럽다.

Passages
패시지스

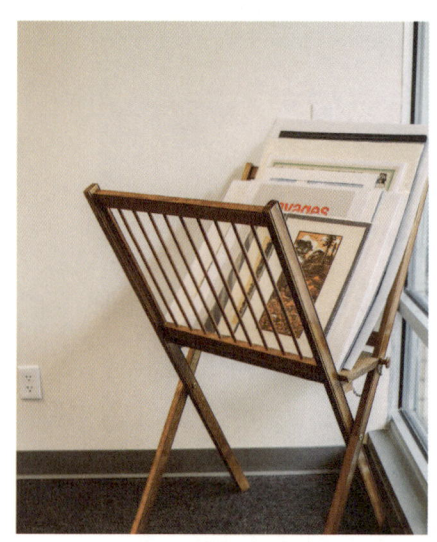

NE
1223 NE Martin Luther King Jr Blvd.
passagesbookshop.com

패시지스 역시 서점이라는 이름으로 가두기엔 아까운 장소. 특유의 무드가 마음까지 편안하게 만든다. 시, 현대예술 서적, 그래픽 아트, 문학 작품 등 훌륭하고 희귀한 셀렉션이 돋보이며 책, 아트와 관련한 다양한 이벤트를 진행해 작가와 아티스트가 자주 찾는 공간이기도 하다.

Ampersand
Gallery &
Fine Books

앰퍼샌드 갤러리 앤 파인 북스

2916 NE Alberta St.
ampersandgallerypdx.com

깨끗하고, 미니멀한 선반과 빈티지 지도 보관함을 진열대로 활용해, 사진 작품과 사진집을 선보인다. 유명한 신디 셔먼Cindy Sherman의 사진집을 비롯해 로컬 사진가들의 책, 빈티지 사진, 1920년대의 에로틱한 사진과 1950년대의 자동차 일러스트 사용 설명서도 있다. 매달 다른 전시를 열어 책과 작품을 함께 둘러보기 좋다.

Portland Book Store

그 밖의 북 스토어

Longfellow's Books and Music
롱펠로스 북스 앤 뮤직

SE

1401 SE Division St.
longfellowspdx.com

미로 같은 공간 곳곳에 희귀 서적과 빈티지 책이 수북하게 쌓여있다. 지하에는 빈티지 사진, 포스터와 수집용 물건들이 한가득이다.

Cameron's
캐머런스

SW

336 SW 3rd Ave.
cameronsbooksandmagazines.wordpress.com

책, 잡지와 만화책은 물론, 지금은 구하기 어려운 〈선셋Sunset〉 잡지의 과월호와 20세기에 농무부에서 출간한 빈티지 연감도 찾을 수 있는 헌책방.

Powell's Books on Hawthorne
파월 북스 온 호손

SE

3723 SE Hawthorne Blvd.
powells.com

다운타운 본점보다 작고 아늑하지만, 20만 권이 넘는 새책과 헌책을 소유하고 있다. 관광객이 많은 본점을 피해 책을 사랑하는 포틀랜더가 자주 찾는 곳이다.

3   Record Shop

다양한 장르의 음악이 흐르는 포틀랜드의 레코드숍

포틀랜드 여행에서 빠뜨릴 수 없는 한 가지는 레코드숍에서 머리를 파묻고 LP를 디깅하는 일이다. 엘리엇 스미스를 시작으로 블라우스, 크로마틱 등 많은 뮤지션이 일치감치 이 도시로 모여들었고 다양한 소규모의 레이블이 탄생했다. 대형 기업이 세계의 음반 산업을 휘어잡고 있는 이 시점에도 흔들림 없이 다양한 장르의 음악이 만들어지고 사랑받는다. 중고 LP와 카세트테이프를 공급하는 레코드숍, 개성 있는 음악을 만드는 소규모 레이블의 존속은 그들을 찾는 포틀랜더가 있어 가능한 일이다.

Mississippi Records

미시시피 레코즈

N

5202 Albina Ave.

2003년 문을 연 미시시피 레코즈는 포틀랜드 레코드숍을 대표하는 이름이라 해도 과언이 아니다. 홈페이지도 카드 결제기도 없는, 외부와는 다른 속도의 시간이 흐르는 것만 같은 이 레코드숍은 오래된 앨범을 주로 판매하며 오너인 에릭 아이작슨^{Eric Isaacson}이 직접 믹싱한 테이프를 판매하기도 한다. 지난해 이곳을 찾았을 때 단 하나의 한국 LP를 발견할 수 있었는데 그게 바로 산울림 1집인 걸 보고 감탄했던 기억이 있다. 가게 한편에는 턴테이블을 두어 미리 들어볼 수 있고, 출입문 앞에는 무료로 가져갈 수 있는 레코드 박스가 놓여있다. 모두가 미시시피 레코즈를 사랑하는 이유다.

Little Axe
Records

리틀 악세 레코즈

NE
4142 NE Sandy Blvd.
littleaxerecords.com

브런치 가게 스위디디Sweedeedee 옆에 미시시피 레코즈Mississippi Records가 있다면 비비안 키친 앤 팬트리Vivienne Kitchen & Pantry 옆에는 리틀 악세 레코즈가 있다. 레코드숍이자 음반 레이블로 2010년 바닷가의 차고에서 시작된 리틀 악세 레코즈는 두 번의 이사를 거쳐 현재의 자리에 안착했다. 포틀랜드의 꽤 많은 레코드숍 중에서 가장 좋아하는 숍 또한 미시시피 레코즈와 여기 리틀 악세 레코즈다. 팻 매스니 그룹과 퀸시 존스, 글렌 굴드 세 장의 앨범을 단돈 20불에 득템한 행운이 바로 여기서 일어났기 때문. 홈페이지에 새롭게 들어온 음반, 세일 공지가 빠르게 업데이트되며 국제 배송도 가능하다.

Beacon Sound
비이컨 사운드

3636 N Mississippi Ave.
wearebeaconsound.com

또 하나의 빠뜨릴 수 없는 미시시피의 레코드숍 비이컨 사운드는 컨템포러리, 인디 록, 일렉트로닉 등의 장르를 소개하는 레이블 대표 앤드루 니어먼 Andrew Neerman이 운영한다. 자신의 레이블에 속한 뮤지션 음악은 물론 전 세계 독립 레이블을 소개하고 매장에서도 이들의 음악을 자주 들려준다. 사실 3년 전 처음 이곳을 찾았을 때만 해도 매장 전체가 레코드숍이었는데 언젠가부터 매장의 반은 빈티지숍으로 쓰이고 있다는 사실이 좀 아쉽다. 안쪽 공간은 때에 따라 전시 공간으로 쓰이고 여러 사회 문제에 대한 토론의 장이 열리기도 한다. 얼마 전 이곳에서 팻 매스니 그룹의 앨범 〈Still Life(Talking)〉 중고 LP를 찾아낸 건 만나는 사람마다 붙잡고 자랑하고 싶을 정도다.

Musique
Plastique

뮤지크 플라스티크

1627 NE Alberta St #5.
musique-plastique.com

에브리데이 뮤직Everyday Music, 뮤직 밀레니엄Music Millennium 등 레코드숍에서의 경력을 거쳐 자신의 레코드숍을 연 루커 부저Luke Buser의 뮤지크 플라스티크는 관광객이 아닌 포틀랜더를 위한 비밀스러운 공간이다. 안쪽에 숨어있는 숍의 위치가 그러한 무드를 더욱 증폭시킨다. 작은 숍은 그가 90년대 초반부터 모아온 모던, 클래식 록, 일렉트로닉 중심의 LP로 가득 채워져 있다. 크라우트 록부터 1세대 일렉트로닉까지, 진열된 LP만 봐도 주인장의 취향이 뚜렷하게 드러난다.

Speck's Records & Tapes

스펙스 레코즈 앤 테이프스

8216 N Denver Ave.
specksrecords.com

지난해 오픈한 따끈따끈한 신생 레코드숍으로 가족이 함께 운영한다는 점이 흥미롭다. 음악을 사랑하는 가족들은 함께 재미있게 일할 수 있는 방법을 찾았고 그 결과 스펙스를 오픈하게 되었다. 그들은 이 숍을 통해 손님과 음악에 대한 소소한 이야기를 나누기를 원한다. 그러니 음악과 관련한 어떤 이야기든 건네보길. 그들의 표정이 달라질 테니 말이다.

Everyday Music

에브리데이 뮤직

NW
1313 W Burnside St.
everydaymusic.com

전시를 보는 것처럼 흥미진진하니 레코드숍 구경은 쇼윈도부터 시작되어야 한다.

번사이드, 샌드에 두 곳의 매장을 가지고 있다. 그 이름에 부합하는 다양한 장르의 명반이 보기 좋게, 찾기 좋게 진열되어 있다. 때마다 새로운 포스트와 사진으로 채워지는 외관은 마치 갤러리의 새로운

2nd Avenue Records

세컨드 에비뉴 레코즈

SW
400 SW 2nd Ave.
2ndavenuerecords.com

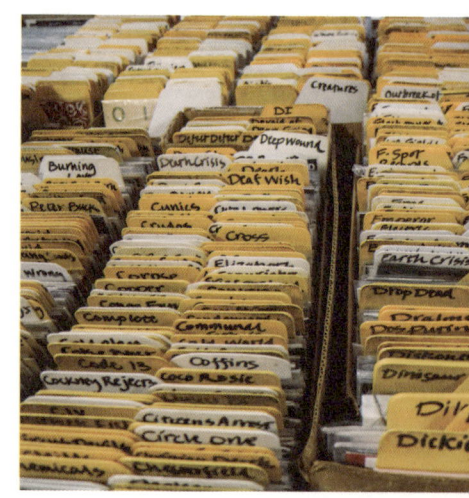

에 장식처럼 걸린(그다지 입고 싶지는 않은) 티셔츠와 두서없이 진열해놓은 음반 때문인지, 음악에 심취한 사춘기 소년의 방을 들여다보는 것 같다.

다운타운에 위치한 세컨드 에비뉴 레코즈에는 중고 CD와 LP만 유명한 게 아니다. 메탈, 힙합, 레게 밴드의 티셔츠를 보기 위해 오는 손님도 꽤 많다. 천장

Exiled Records

익사일드 레코즈

SE
4628 SE Hawthorne Blvd.
exiledrecords.com

웬만한 희귀 음반은 다 구비하고 있어 지나가다 우연히 들렀다 하더라도 빈손으로 나가기 힘들다. 스페인 내전 때 만들어진 음악은 물론 스코틀랜드 출신의 록밴드 아즈텍 카메라의 앨범을(1980년대 세일 섹션을 샅샅이 뒤지면) 저렴하게 구입할 수 있다.

Crossroads Music

크로스로즈 뮤직

벽도 모자라 천장까지 콘서트 포스터와 앨범 커버 이미지를 다닥다닥 붙여놓은 덕에 첫인상은 아마 별로일 거다. 그러나 그만큼 중고 LP가 많다는 증거이고 록은 물론 재즈, 포크, 각지의 대중 음반들까지 다양하니 급하게 발길을 돌리지 말 것.

SE
8112 SE Foster Rd.
xro.com

비틀즈 〈Yesterday and Today〉의 그 유명한 붓쳐 커버 등 유리 진열대에 구비한 셀렉션을 보는 것만으로도 시간이 훌쩍 가버리는 크로스로즈 뮤직. 양

4 Vintage Shop

풍요로운 라이프 스타일을 대변하는
포틀랜드의 빈티지숍

포틀랜드의 친환경 라이프 스타일은 빈티지숍에서도 확인할 수 있다. 포틀랜더는 중고 제품을 사고 입고 사용하는 데 거리낌이 없다. 의류, 신발, 가방 등 패션 아이템뿐 아니라 가구, 리빙 제품, 전자 제품에 이르기까지 다양한 중고 제품을 사고 판매하는 빈티지숍이 도시 곳곳에 자리 잡고 있으니 다음 리스트를 참고할 것.

Artifact: Creative Recycle

아티팩트: 크리에이티브 리사이클

SE
3630 SE Division St.
artifactpdx.com

이름과 같이 '독창적인 재활용품'을 판매하는 곳. 잘 관리된 헌옷, 가구, 액세서리와 독특한 소품을 소개하고 옷과 신발을 수선하는 센터도 마련되어 있다. 특히 '올드스쿨 룩'을 선호하는 이들에게 추천한다.

Village Merchants

빌리지 머천트

SE
4035 SE Division St.
villagemercharts.net

1998년에 오프한 빌리지 머천트는 사우스이스트 디비전에 자리 잡았다. 숍 밖으로는 의자들이 나란히 줄서있고, 숍 안에는 형형색색의 옷과 신발, 액자들이 즐비한다.

Portland Flea

포틀랜드 벼룩시장

SE
SE 6th Ave and Salmon.
pdxflea.com

그것을 재활용한 핸드메이드 제품을 판매하기 때문에 흔하지 않은 아이템을 구경할 수 있고 간단히 먹을 수 있는 음식도 판매한다. 관광객들이 포틀랜드 세러데이 마켓을 찾을 때, 포틀랜더는 포틀랜드 벼룩시장을 찾는다는 사실.

2011년부터 시작된 포틀랜드 벼룩시장은 매월 마지막 일요일 11시에서 4시 사이에 열린다. 40팀 이상의 판매자가 참가하는데 그들이 내놓은 물건 중에는 꽤 인상적인 제품이 많다. 오래된 골동품 또는

Hawthorne Vintage
호손 빈티지

SE
4722 SE Hawthorne Blvd.

2,100평이 넘는 공간은 중세 시대의 물건을 전문적으로 수집하는 빈티지 가구 전문 숍이다. 가장 인기 있는 스칸디나비안 컨템포러리, 데니시와 티크 소재의 가구는 순식간에 없어진다. 허먼 밀러Herman Miller의 빈티지 커피 테이블을 구할 가능성이 꽤 높은 곳이다.

Lounge Lizard
라운지 리자드

SE
1310 SE Hawthorne Blvd.
pdxloungelizard.com

넓은 매장 가득 빈티지 가구들로 채워져 있다. 스푸트닉Sputnik 램프, 플라이크래프트Plycraft의 푹신한 암체어와 고양이를 모티브로 그린 요상한 예술 작품을 비롯, 가구와 소품들을 만나볼 수 있다.

Hollywood Vintage

할리우드 빈티지

2757 NE Pacific St.
hollywoodvintage.com

빈티지 자동차, 가발, 선글라스, 코스튬과 주방 용품으로 가득한 방까지 없는 게 없다. 물건이 많은 만큼 반나절의 시간 정도는 비워두고 천천히 둘러봐야 한다.

City Home

시티 홈

217 SE Taylor St.
cityhomepdx.com

재사용한 나무로 만든 테이블과 의자, 리빙 제품은 여느 빈티지숍에 비해 정돈이 잘 되어있고 고급스러운 만큼 가격대가 높은 편이다.

Portland Vintage Shop

그 밖의 빈티지숍

House of Vintage
하우스 오브 빈티지

SE
3315 SE Hawthorne Blvd.
houseofvintagenw.com/portland

꽤 넓은 규모에 없는 걸 찾기 힘들 만큼 다양한 셀렉션을 구비해 뭔가를 사지 않더라도 구경하는 재미가 크다. 같은 이유로 자신만의 물건을 찾아내기 위해서는 시간도 노력도 걸리는 편.

Red Fox Vintage
레드 폭스 빈티지

SE
4528 SE woodstock Blvd.
facebook.com/RedFoxVintageWoodstock

빈티지 식기, 퍼 코트와 1970년도에 발행한 〈플레이보이^{Playboy}〉 잡지까지 찾을 수 있는 곳. 근처에 DOC, 엑스파트리에이트^{Expatriate}를 비롯한 레스토랑이 모여있어, 저녁식사 전 둘러보기 좋다.

Sugar Mountain Vintage
슈가 마운틴 빈티지

N
315 NE Wygant St.
sugarmountainvintage.com

뭐든지 늘어놓는 여느 빈티지와는 달리 오너의 취향에 따라 잘 골라놓은 빈티지 제품을 찾을 수 있다. 여성의류, 액세서리가 메인 아이템이다.

Magpie
맥파이

SE
1960 SE Hawthorne Blvd.
facebook.com/magpieportland

1930년대의 드레스 클립, 손으로 직접 색칠한 초상화가 담긴 앤티크 옷핀까지 만나볼 수 있는 골동품 가게. 어떤 물건이든 100달러 아래로 구입할 수 있다.

5   Gallery

일상이 예술이 되는 포틀랜드의 갤러리

뉴욕과 LA처럼 화려한 뮤지엄이나 화려한 작가들의 작품에 비교할 수는 없다. 하지만 포틀랜드 미술관에는 포틀랜드이기에 가능한 여유롭고 편안한 분위기가, 느긋하고 흥미로운 작품들이 있다. 포틀랜드에는 많은 예술가들이 산다. 직업으로서의 예술가는 물론 취미로 그림을 그리는 이들, 실력 있는 거리의 아티스트도 자주 만날 수 있다. 거리의 벽화, 커피숍에 걸린 지역 작가의 사진 작품, 스트리트 페스티벌에서 만날 수 있는 조각 작품과 수공예품들까지 예술은 갤러리뿐 아니라 포틀랜더의 일상에 깊숙이 들어와 있다.

Portland
Art Museum

포틀랜드 아트 뮤지엄

1219 SW Park Ave.
portlandartmuseum.org

단 하나의 갤러리만 가고 싶다면, 포틀랜드 아트 뮤지엄을 찾아야 한다. 4만 2천여 점이 넘는 소장 작품은 미국 원주민이 남긴 공예품 컬렉션, 모네와 피카소 등 세기적인 예술가들의 작품까지 다양하게 아우른다. 포틀랜드를 대표하는 뮤지엄인 만큼 매 시즌 가장 이슈가 될 만한 전시를 내놓는다.

Froelick Gallery

폴리크 갤러리

714 NW Davis St.
froelickgallery.com

갤러리 '호핑'을 계획할 때, 첫 타자로 방문하기 좋다. 으리으리한 분위기로 무장한 이곳은 페인팅 작업을 선호하는 갤러리다. 릭 바트로우^{Rick Bartlow}의 회고전을 관람할 수 있는 곳으로도 유명하다.

Elizabeth Leach Gallery

엘리자베스 리치 갤러리

417 NW 9th Ave.
elizabethleach.com

기다란 형광등 작업을 비롯해, 벽에 설치된 추상적인 작품이 돋보이는 갤러리. 현대 예술 작품으로 알려져 있고, 내부는 세 개의 방으로 구성되어 있다.

Blue Sky Gallery
블루 스카이 갤러리

122 NW 8th Ave.
blueskygallery.org

40년 간 현대 사진 작품을 선보여온 사진 전문 갤러리. 세 개의 거대한 방으로 구성되어 있으며, 정치적 성향이 강한 작업을 전시하는 경우가 많다.

Augen Gallery
오겐 갤러리

716 NW Davis St.
augengallery.com

40년의 역사를 자랑하는 오겐 갤러리는 페인팅과 프린트 작품을 위주로 전시하는 갤러리다. 개인 소장 컬렉션에 피카소의 작업을 11점이나 소유하고 있다.

Wolff Gallery
울프 갤러리

2804 SE Ankeny St.
wolffgallery.com

섀넌 오커너 Shannon O'Connor와 제미 바르 Zemie Barr가 새롭게 오픈한 갤러리. 전통적인 미술관에서 보여주기 어려운 독특한 현대 예술 작품과 퍼포먼스 작가들의 작업을 선보인다.

Portland Gallery

일러스트레이터이자 아웃렛의 오너
케이트 빙거만 버트 Kate Bingaman-Burt
추천 갤러리

Fruit Salad Club
프루트 샐러드 클럽

 NE
1704 NE 16th Ave.
fruitsaladclub.com

아티스트 질리안 바톨드 Jillian Barthold, 리비 랜드워 Libby Landauer가 운영하는 너무나 귀여운 스튜디오. 두 사람의 작업실이자 디자이너의 작품을 파는 공간, 여러 아티스트가 모여 네트워킹하는 공간이기도 하다.

Floating World Comics
플로팅 월드 코믹스

 NW
400 NW Couch St.
floatingworldcomics.com

포틀랜더에게 인기 있는 장소로 만화책, 넓은 규모 안에 방대한 셀렉션을 가지고 있어 볼거리가 많고 인디 만화가의 출판기념회가 열리기도 한다.

Land Gallery
랜드 갤러리

 N
3925 N Mississippi Ave.
landpdx.com

랜드 갤러리는 일러스트 작품 위주의 전시를 소개한다. 일러스트 프린트, 독립출판물, 손으로 만든 아기자기한 물건을 살 수 있는 작은 선물가게이기도 하다. 가장 오래된 온라인 인디 소매 업체 중 하나인 바이 올림피아 닷컴(buyolympia.com)이 시작된 곳이다.

IPRC Zine Library
IPRC 자인 라이브러리

 SE
318 SE Main St.
iprc.org

IPRC는 'Independent Publishing Resource Center'의 약자로 스크린 프린팅 및 활자 인쇄에 관한 다양한 워크숍과 클래스가 이뤄지는 곳이다. 포틀랜드의 출판문화를 이끌어가는 장소로서도 상징하는 바가 크다.

CHAPTER 2

RESTAURANT

1 Market

푸드 신의 시작, 포틀랜드의 마켓

포틀랜드 마켓은 포틀랜드의 친환경적이고 지속가능한, 로컬 중심의 푸드 신을 집약적으로 보여준다. 대형 기업이 만들어낸 공산품이 아닌 로컬의 농부가 만든 채소와 과일, 축산업자가 만든 치즈, 고기, 향신료, 빵과 우유가 마켓의 진열대를 차지한다. 덕분에 유명 레스토랑의 셰프부터 가족의 음식을 책임지는 주부까지 모두가 신선하고 건강한 식재료로 요리를 만들어낸다.

Farmers
Market

파머스 마켓

portlandfarmersmarket.org

포틀랜드 파머스 마켓은 포틀랜드 푸드 신의 시작이며 중심이다. 미국의 많은 도시에서 포틀랜드 파머스 마켓을 벤치마킹하고 있을 정도로 포틀랜드 파머스 마켓의 명성은 자자하다. 인터뷰를 위해 포틀랜드 파머스 마켓의 디렉터 트루디 톨리버Trudy Toliver를 만날 기회가 있었는데 그녀는 벤더가 되기 위한 까다로운 기준에 대해 이렇게 설명했다. "모든 식자재는 포틀랜드에서 300마일 이내에서 만들어진 것이어야 합니다. 농부인 경우는 그들의 농장에서 직접 재배한 작물만을 가져올 수 있고, 목축업자의 경우는 직접 키운 가축으로 만들어진 식료품을 가져와야 합니다. 만약 핫소스를 판다면 주원료의 25%가 로컬 원료여야 하죠." 파머스 마켓의 스태프는 벤더가 가져오는 식자재의 퀄리티가 지속적으로 유지될 수 있도록 세심하게 관리한다. 덕분에 레스토랑을 운영하는 유명 셰프부터 가족의 식사를 책임지는 주부까지 많은 이들이 이곳에서 식재료를 구입하게 되었고 많은 벤더들이 파머스 마켓을 시작으로 그들의 사업을 키워나갈 수 있었다. 물론 여기에는 '지속가능한' 삶에 가치를 두는 포틀랜더의 역할이 컸다. 로컬에서 나고 자란 것을 존중하는 이들이 그것을 소비하고 그 소비가 농장의 성장, 파머스 마켓의 성장, 나아가 푸드 신의 성장을 도운 것이다. 꽃, 과일, 채소 등 농장에서 방금 수확한 신선한 재료를 저렴한 가격으로 구매할 수 있고 벤치에 앉아 점심 한 끼를 해결하기에도 그만이다. 가장 유명한 파머스 마켓은 포틀랜드 스테이트 유니버시티Portland State University에서 열리는 토요 마켓이고 이외에도 포틀랜드 곳곳에서 크고 작은 파머스 마켓이 열린다.

Farmers Market Program

Pioneer Courthouse Square
SW 6th & SW Yamhill
월요일 오전 10:00~오후 2:00
6월 18일~8월 27일

King
NE 7th & NE Wygant
일요일 오전 10:00~오후 2:00
5월 6일~11월 18일

Shemanski Park
SW Park & SW Main
수요일 오전 10:00~오후 2:00
5월 2일~10월 31일

Lents International
SE 92nd & SE Reedway
일요일 오전 9:00~오후 2:00
6월 3일~11월 18일

Kenton
N McClellan & N Denver
수요일 오후 3:00~오후 7:00
6월 6일~9월 26일

- 매년 시간과 날짜가 조금씩 변경될 수 있으니 홈페이지에서 미리 확인할 것.

SW
Portland State University
SW Park & SW Montgomery

토요일 오전 9:00~오후 2:00(11월~3월)
토요일 오전 8:30~오후 2:00(4월~10월)

포틀랜드 스테이트 유니버시티PSU에서 열리는 마켓은 포틀랜드를 상징하는 가장 큰 규모의 파머스 마켓이다. 이곳을 처음 방문한다면 본격적으로 쇼핑을 하기 전에 마켓 전체를 가볍게 거닐어 보기를 바란다. 갖고 싶은 꽃, 먹음직스러운 음식을 안쪽에서 더 저렴한 가격으로 판매하고 있을 수 있으니까. 한가로이 쇼핑을 즐기고 싶다면, 최대한 일찍 가는 편이 좋다. 아침 10시 전에는 도착해야 사람은 물론, 교통 체증, 주차 난항을 피할 수 있다.

Providore
Fine Foods

프로비도르 파인 푸드

2340 NE Sandy Blvd.
flyingfishcompany.com

숙소에서 음식을 만들어 먹을 예정이라면 프로비도르에서 장을 보는 것이 좋겠다. 마켓 안에는 푸드코트가 자리하고 있어 음식을 만들어 먹자는 계획은 '그냥 먹고 가자'로 바뀔 수 있다는 점이 함정이긴 하다. 프레드마이어, 월마트 등 대형마켓에서는 판매하지 않는 로컬 브랜드의 소스, 파스타면, 각종 재료 등을 구경하는 재미가 크고 베이커리, 로스트 치킨, 오이스터 바까지 마련되어 있어 뭐든 하나는 먹고 나가게 되는 곳이다. 특히 한쪽 끝에 위치한 플라잉 피쉬 컴퍼니 Flying Fish Co, 오이스터 바는 본격적인 식사를 하기 전 석화와 와인을 가볍게 즐기기에 좋은 장소다.

The Meadow
더 미도우

N
3731 N Mississippi Ave.
themeadow.com

어떠한 까다로운 종류의 소금을 원하든 이곳에서라면 찾을 수 있다. 120가지가 넘는 소금과 오일, 꿀, 세계적인 아티산 초콜릿, 아로마틱 칵테일 비터 등을 구비해 여행 기념품은 물론 선물을 마련하기에도 좋다.

World Foods
월드 푸드

NW
830 NW Everett St.
worldfoodsportland.com

레바논에서 온 부부가 오픈한 마켓으로 중동, 동유럽, 오리건의 신선한 재료를 소개한다. 세계의 맥주를 모아놓은 맥주 진열장, 치즈 셀렉션 또한 허투루 봐서는 안 된다. 마켓 안에서는 중동 요리도 즐길 수 있는데 그중 양고기와 팔라펠이 특히 인기다.

2 Restaurant

지역의 싱싱한 식재료로 테이블을 채우는
포틀랜드의 레스토랑

'팜 투 테이블Farm to Table'이란 지역 농장에서 생산한 식재료를 중간 상인을 거치지 않고 바로 지역 레스토랑의 테이블 위에 올리는 것을 의미한다. 포틀랜드의 많은 레스토랑이 팜 투 테이블을 실천하고 있는데 그 비결의 주요 배경으로 도시와 농장의 훌륭한 접근성을 들 수 있다. 아무리 좋은 식재료를 재배했다 해도 거리가 멀어서 쉽고 빠르게 이동할 수 없다면 불가능한 일일 테니 말이다. 물론 그보다 더 중요한 배경은 친환경 식재료에 가치를 두며, 로컬 비지니스를 지지하는 농장, 레스토랑 오너의 건강한 의식이다.

Farm Spirit
팜 스피릿

SE

1414 SE Morrison St.
farmspiritpdx.com

팜 스피릿은 팜 투 테이블을 이야기하는 데 있어 빠뜨릴 수 없는 레스토랑이다. 비건 테이스팅 메뉴로 알려진 이곳은 식재료를 구하는 방식이 그 어느 레스토랑보다 깐깐하다. 로컬 과일과 채소를 고집하는 셰프 에런 애덤스 Aaron Adams는 근방 160km를 넘지 않는, 그중에서도 엄선한 농장과 거래한다.
내가 먹는 음식이 어디에서 오는지에 대해 관심을 갖고 소비에 대한 책임감을 갖는 포틀랜더의 식문화를 경험할 수 있는 좋은 장소. 그래서 비건이 아닌 모두에게 추천하고 싶은 레스토랑이기도 하다. 수요일부터 토요일까지만 운영하며 8가지 코스 요리만 선보인다.

Olympia Provisions

올림피아 프로비젼스

107 SE Washington St.
olympiaprovisions.com

우리에게는 조금 생소한 직업일 수도 있지만, 일라이어스 카이로$^{Elias Cairo}$는 건염법으로 재운 고기를 전문적으로 만드는 '살루미스트^{Salumist}'다. 그는 오리건주 최초로 USDA의 검증을 받은 '살루메리아^{Salumeria}', 다시 말해 미국 농림부가 인정하는 살라미 전문점 올림피아 프로비전스를 열었다. 포틀랜드는 물론 뉴욕과 일본에 있는 여러 상점, 레스토랑에 살라미를 공급하고 있고, 매달 각종 소시지를 맛볼 수 있는 '소시지 오브 더 먼스 클럽$^{Sausage of the Month Club}$'도 운영하고 있다. 여러 레스토랑을 오픈하며 조금은 나태해질 법도 한데, 이곳의 품격은 변함이 없다. 올림픽 위원회의 항의로 인해 이름을 '올림픽'에서 '올림피아'로 바꾼 것만 제외하면 말이다. 샤퀴테리 보드$^{Charcuterie Board}$와 샤퀘테리의 짝꿍인 치즈 보드는 필수 메뉴, 살라미가 들어가지 않는 메뉴들도 하나같이 만족스럽다. 노스웨스트와 사우스이스트, 두 개의 지점을 가지고 있는데 하나만 고르라면 들어가는 입구를 찾기 힘들고, 문을 열면 'MEAT'의 빨간 글자가 선명하게 반기는 사우스이스트 지점이다.

Renata
레나타

626 SE Main St.
renatapdx.com

〈오리건 라이브Oregon Live〉 선정 '2015년 오리건 최고의 레스토랑'에 등극한 이탈리안 레스토랑 레나타는 나파벨리 델피나 그룹의 디렉터였던 닉과 샌프란시스코 프렌치 레스토랑 베누Benu의 셰프였던 산드라 부부의 공간이다. 천장이 높고, 기둥과 들보가 시원하게 드러나 있는 레스토랑. 탁 트인 부엌 위에는 'Mi Piace'라고 쓰인 네온사인이 공간을 은은하게 밝힌다. 해산물을 제외한 모든 재료를 오리건에서 직접 공수하며 그날그날 도착하는 재료에 맞춰 메뉴판 역시 달라지는 식이다. 셰프 크리스 프레이저Chris Frazier와 그의 팀이 선보이는 시즈널 핸드크래프트 파스타, 우드 파이얼드 피자는 언제든 기대해도 좋다.

Ataula

아타울라

NW
1818 NW 23rd Pl.
ataulapdx.com

셰프 호세 체사José Chesa가 운영하는 카탈루냐 레스토랑 아타울라에서는 다양한 타파스 메뉴를 맛볼 수 있다. 인기 메뉴는 단연 뉴에스트라스 브라바스Nuestras Bravas. 스페인 정통 감자 요리인 파타타스 브라바스Patatas Bravas(투박하게 썬 감자를 튀겨 매운 토마토 소스에 곁들인 요리)에 프랑스의 감성을 더한 요리다. 종이처럼 얇게 썬 감자 30장 정도를 오랫동안 부드럽게 익힌 후, 깍두기 형태로 잘 뭉쳐 바삭하게 튀기는 게 아타울라만의 방식이다. 문어, 오징어, 홍합 등 싱싱한 해산물을 넣은 아로스 네그레Arros Negre도 빠뜨릴 수 없다.

Kachka

카츠카

SE
720 SE Grand Ave.
kachkapdx.com

러시안 레스토랑 카츠카에 도착하면 모스코뮬부터 주문한다. 이왕이면 해가 지는 시간 창가 가까이에 앉아 나즈막이 들어오는 햇살을 즐기면서 말이다. 그러고 나면 오늘 저녁이 더 근사해질 것 같은 건 기분탓이겠지만 근사하지 않은 밤을 보낸 적도 없으니 그렇게 믿기로 한다. 첫인상은 좀 작고, 좁고, 소박해 보일 수 있다. 러시아 시골이나 휴양지에서 볼 법한 주택 안에 화려한 창틀과 플라스틱 소재의 식탁보, 조명과 벽지 모두 적당히 촌스러워 더 멋스럽다. 소금에 절인 청어와 먹기 좋게 다진 당근, 사탕무, 감자와 마요네즈를 켜켜이 쌓아 차갑게 먹는 요리 헤링 언더 어 퍼 코트 Herring Under a Fur Coat는 맛도 모양도 탐스러운 인기 메뉴. 소고기, 시베리안 펠메니 Siberian Pelmeni, 바레니끼 Vareniki 등 러시안 만두를 시작으로 다채로운 러시안 음식을 맛볼 수 있다.

Le Pigeon

르 피죤

 SE
738 E Burnside St.
lepigeon.com

투박한 인테리어만큼이나 다소 거칠게 프렌치 요리를 만들어내는 이 레스토랑은 미국 요식업계 최고의 권위 있는 상이자, 셰프들의 오스카상이라 불리는 '제임스 비어드 어워드James Beard Award'를 두 번이나 수상한 포틀랜드 최고의 스타 셰프 가브리엘 루커Gabriel Rucker가 운영하는 곳이다. 일명 '10-Seat Chef's Counter'라 불리는 오픈 키친 바는 그가 요리하는 모습을 바로 앞에서 관람할 수 있는 좌석으로 예약을 받지 않고 선착순으로 앉는 식이다. 모자를 쓰고 타투가 잔뜩 그려진 팔을 휘두르며 요리하는 루커를 보기 위해 일부러 바 자리를 고집하는 손님도 많다. 르 피죤은 프렌치 레스토랑으로 알려져 있지만 그저 프렌치 레스토랑만으로 단정 짓기는 어렵다(10년 전, 레스토랑을 오픈 당시 그는 프랑스에 여행조차 가본 적이 없었다). 비프 부르기뇽, 시어링으로 불맛을 더한 푸아그라, 그리고 피죤 요리. 이 세 가지의 요리를 매번 새롭게 선보이는 것이 르 피죤의 주특기이고 아무리 인기가 많다 한들 두 달 이상 같은 메뉴를 올리지 않는 것이 운영 방식이다. 단품 코스도 훌륭하지만 루커의 손맛을 제대로 경험하고 싶다면 5코스, 7코스 메뉴를 경험하는 편이 좋겠다. 그중 한두 번은 루커가 직접 서빙하며 요리에 대해 설명해줄 것이다.

Little Bird Bistro

리틀 버드 비스트로

SW
215 SW 6th Ave.
littlebirdbistro.com

르 피죤의 셰프, 가브리엘 루커가 낸 두 번째 레스토랑. 르 피죤의 가격대가 부담스럽거나 좀 더 캐주얼한 프렌치를 즐기고 싶다면 리틀 버드 비스트로로 가면 된다. 르 피죤보다 넓은 규모에 다운타운 가까이 위치해 찾아가기 편하고 예약도 쉬운 편이다. 물론 르 피죤에서처럼 루커가 즉흥적으로 선보이는 창작 메뉴를 맛볼 수는 없지만 정성스럽게 만든 프렌치 요리를 경험할 수 있다. 치즈를 듬뿍 품은 뇨끼, 그릴에 구운 골수 요리, 튀긴 감자를 곁들인 스테이크 등이 메인 메뉴. 메인 메뉴에 큰 변동이 없는 대신, 사이드 요리는 자주 바뀌는 편이고 점심시간에 찾는다면 그날의 요리에 샐러드와 디저트를 곁들인 3코스 요리를 즐길 수 있다.

Langbaan

랑반

SE
6 SE 28th Ave.
langbaanpdx.com

오랜 시간 동안 포틀랜드의 태국 요리를 대표하는 이름은 오직 '폭 폭'이었지만 이제부터는 '랑반'의 이름을 기억해야 한다. 타이 레스토랑 파디^{PaaDee} 뒤에는 아늑하면서도 비좁은 부엌이 숨겨져 있다. 이곳저곳에 허브가 널려져 있고, 육수 요리가 팔팔 끓고 있는 부엌. 마치 방콕에서 열리는 야시장을 연상시키는 랑반은 태국 요리를 코스 메뉴로 선보이는 곳이다. 코스 요리는 전통 태국 간식, 코코넛 덩어리가 큼직하게 들어간 수프, 날것의 재료로 구성한 요리, 고추로 만든 각종 소스들, 그릴에 구운 돼지고기 등으로 이루어진다. 마지막은 짭조름한 코코넛 크림이나, 태국식 향초 연기를 입힌 특이한 디저트로 마무리하는 식. 다른 선택권 없이 서빙되는 순서대로 천천히 음미하는 것이 랑반을 즐기는 유일한 방식이다.

Navarre

나바르

SE
10 NE 28th Ave.
navarreportland.com

선반에 줄지어 선 다양한 와인 병, 여러 사람들과 모여 식사를 할 수 있는 목재 테이블, 그 너머 보이는 탁 트인 부엌과 사이좋게 걸린 냄비들, 병에 정성스럽게 담아놓은 디저트까지 이 모든 걸 하나씩 보고 있으면 마치 손맛 좋은 유럽 할머니의 시골집에 놀러 온 기분이 든다. 꽤 다양한 메뉴를 취향에 따라 구성할 수 있도록 해, 테이블마다 연필을 들고 메뉴를 공부하는 손님들의 모습을 자주 목격할 수 있다. 와인을 주문했다면 프랑스산 치즈로 올려지는 치즈 플레이트가 빠지면 섭섭하다. 나무 판에 치즈 세 덩이가 크게 올려 나오는데, 살라미 플레이트와 함께 하면 그 매력이 배가 된다. 팜 투 테이블 레스토랑답게 계절마다 메뉴가 바뀐다.

지나가다 얼핏 보면 동네 맛집 같은 느낌을 받게 될지도 모르겠다. 하지만 나바르는 포틀랜드에서 가장 이색적인 콘셉트의 레스토랑이자 TV 호스트 겸 작가 릭 스티브스 Rick Steves가 애정하는 곳으로 유명하다. 테이블에 놓인 토마토와 병에 담긴 각종 피클,

Luce

루체

SE
2140 E Burnside St.
luceportland.com

단정한 테이블에 앉아 따뜻한 이탈리안 가정식을 먹고 싶을 때면 언제나 루체로 간다. 2011년 레스토랑 나바르를 오픈한 지오바나 팔로라리Giovanna Parolari와 존 타보아다John Taboada가 오픈한 두 번째 레스토랑인 루체는 나바르에서 걸어서 갈 수 있을 만큼 가까이 위치하고 있다. 겉으로는 간단해 보이지만 정성과 스킬을 필요로 하는 파스타가 이곳의 대표 메뉴. 가게에서 직접 만드는 수제 면은 가볍고, 전체적인 맛은 풍부하며, 익힘은 늘 완벽한 알 덴테로 맞춘다. 다양한 안티파스토도 좋지만 별미는 역시 김이 모락모락 나는 따뜻한 파스타다. 돼지고기와 소고기에 라구 소스를 곁들인 기다란 리본형의 파스타 탈리아텔레Tagliatelle, 마늘과 올리브와 함께 나오는 부드러운 속살의 농어 요리가 인기 메뉴다.

Tusk
터스크

SE
2448 E Burnside St.
tuskpdx.com

셰프 샘 스미스Sam Smith의 지휘 아래 신선한 중동 음식을 선보이는 레스토랑으로, 오픈하자마자 포틀랜드 핫플레이스로 등극했다. 밝고 경쾌한 인테리어 공간은 마치 캘리포니아의 어느 레스토랑에 있는 듯한 기분을 느끼게 한다. 그 분위와 어우러지는 허머스에 채소, 과일을 곁들여 먹는 플레이트를 기본으로 그릴, 고기와 생선 요리도 맛볼 수 있다. 훌륭한 바 자리만큼이나 멋진 칵테일, 와인, 비어 리스트가 마련되어 있으니 드링크 메뉴 또한 눈여겨 봐야 한다. 주중에는 디너, 주말에는 브런치와 디너를 함께 선보인다.

이탈리아 여행도 아니고 포틀랜드에서 꼭 피자를 먹어야 하냐고 물을 수도 있겠지만 어피자 숄즈라면 이야기가 달라진다. 포틀랜드에 이색 피자 식당들이 늘어나고 있는데 그건 모두 브라이언 스팽글러Brian Spangler 덕이라 해도 과언이 아니다. '네오 폴리탄' 스타일 피자의 선구자로 불리는 스팽글러는 얇지만 층이 느껴지는 도우에 풍부한 토핑을 올린 피자를 선보이며 포틀랜드 피자계에 유명세를 날렸다. 특유의 식감을 살려내기 위해 반죽 재우기에 며칠씩 투자하고, 화덕으로 불가능한 불조절을 전기 오븐을 통해 마스터했다. 한 피자당 토핑이 세 가지로 제한되어 있는 이유 또한 일정한 굽기를 위해서라고. 피자는 물론이고 아삭아삭한 샐러드는 별미. 주중에는 저녁에만 운영하고 주말에도 브레이크 타임이 있으니 방문 전 시간 체크는 필수다.

Apizza Scholls

어피자 숄즈

SE
4741 SE Hawthorne Blvd.
apizzascholls.com

Pine State Biscuits

파인 스테이트 비스킷

N

125 NE Schuyler St.
pinestatebiscuits.com

미국 남부에서 자라 포틀랜드에 사는 3명의 남자는 어린 시절 먹던 집밥이 그리웠고, 남부의 비스킷으로 브런치를 즐길 수 있는 파인 스테이트 비스킷을 열었다. 단순히 집밥에 대한 그리움으로 시작한 사업은 현재 3개의 레스토랑을 두고, PSU 파머스 마켓에 입점할 정도로 성공했다. 부드러운 비스킷 안에 그레이비를 곁들여 먹는 남부의 취향이 포틀랜드에서 확실히 통한 셈이다. 프라이드치킨, 베이컨과 치즈, 그레이비를 넣은 비스킷 샌드위치 더 레기 The Reggie가 기본 메뉴고 노릇하게 구운 해시브라운 위에 버섯, 치즈, 계란 등을 선택해서 올릴 수 있는 해시 업은 별미다.

Paiche

파이체

SW

4237 SW Corbett Ave.
paichepdx.com

페루에서 온 호제 루이스 드 코시오 Jose Luis de Cossio 와 카시미라 태드월트 Casimira Tadewaldt가 운영하는 파이체는 신선한 해산물을 회처럼 얇게 썰어낸 세비체 요리를 주 메뉴로 선보인다. 그때그때 가장 싱싱한 생선을 골라 메뉴에 올리니 언제 주문하더라도 만족스럽다. 생선의 비린내는 페루에서 생선을 절일 때 사용하는 라임 베이스의 소스 레체 드 티그레 Leche de Tigre로 잡는데, 비린내를 잡는 것은 물론 특유의 향까지 더해져 깊은 맛을 낸다.

Sweedeedee
스위디디

5202 N Albina Ave.
sweedeedee.com

가장 포틀랜드다운 브런치 장소를 꼽는다면 언제나 스위디디다. 이곳의 첫 느낌은 유쾌했다. 턴테이블로 흘러나오는, 아침치고는 꽤 볼륨을 높인 포크 음악을 들으며 춤을 추고 있는 '기다리는 손님'들. 지루한 웨이팅마저 즐기는 사람들이라니! 물론 한 손에는 커피잔을 들고 웨이브를 타는 정도였지만 귀여운 포틀랜더와 이 작은 공간과의 어울림이 신선했다. 마이클 헐리 Michael Hurley 노래 제목에서 이름을 따온 스위디디는 로컬의 신선한 재료로 만든 샐러드와 샌드위치, 케이크와 빵을 제공한다. 무엇을 주문하든 건강한 재료를 한 접시 푸짐하게 내어주는 것이 특징이다. 음식이 나오는 시간이 꽤 길어질 수 있으니 먼저 프렌치 프레스 커피와 허니 파이를 애피타이저로 즐기는 것이 팁이다. 미시시피 레코드와 벽을 공유하는 사이로 미시시피 레코드가 문을 여는 12시에 맞춰 식사를 마치고 숍을 방문해 LP 한 장을 건지면 주말 아침이 그렇게 보람찰 수 없다.

Pok Pok

폭 폭

SE
3226 SE Division St.
pokpokpdx.com

오너인 앤디 리커Andy Ricker가 처음 식당 문을 열었을 때, 폭 폭은 작고 허름한 포장마차였다. 동네도 거칠고 위험했다. 소소한 동네 맛집으로 시작한 폭 폭은 포틀랜드를 대표하는 레스토랑이 되었고 뉴욕에도 분점을 오픈할 만큼 성장했다. 폭 폭의 본점이 위치한 사우스이스트 거리는 인기 레스토랑과 숍으로 채워진 핫한 거리가 되었다. 하지만 언제 찾아도 1시간을 기다려야 하는 무서운 인기 때문인지, 처음 이곳을 찾았을 때에 비해 음식의 디테일이 떨어진다는 느낌을 받기도 한다(웨이팅이 싫다면 SE 디비전 본점이 아닌 NW 또는 NE 지점을 찾을 것). 최고의 인기 메뉴는 베트남 피쉬 소스로 맛을 낸 매콤한 닭날개 튀김. 이 테이블 저 테이블 할 것 없이 닭날개 튀김을 먹고 있는 모습을 목격하게 된다. 현지 느낌이 물씬 나는 인테리어 덕분에 셔터가 내려진 차고 앞이나, 웨이팅하는 사람들과 계속 눈을 마주쳐야 하는 입구 자리에 앉을 수도 있다.

Broder Nord

브로더 노드

N
2240 N Interstate Ave.
broderpdx.com

스칸디나비안 브런치 전문점으로 포틀랜드에서 스웨덴 음식을 널리 알리고 있는 브랜드다. 여러 음식을 한 상에 차려 놓고 같이 덜어 먹는 스뫼르고스보르드 Smorgasbord를 주문하면 흑빵, 절인 고기, 그라놀라를 올린 요거트 파르페, 치즈, 자몽, 간단한 제철 요리를 모두 맛볼 수 있다. 커피, 차, 주스에 여러 간식거리를 곁들이며 느긋한 시간을 보내는 피카 Fika도 물론 포함되어 있다. 뜨겁게 데운 팬에 크림, 햄과 시금치를 넣고 두 개의 수란과 얇은 파마산 치즈 토핑을 올린 로스트 에그스는 링곤베리 잼을 곁들인 대니시 팬케이크와 함께 먹으면 더 맛있다. 혹시 두 사람이 가서 커피 하나만 주문했다면 행여나 한 입이라도 친구의 커피를 탐하지 말 것. 옆 손님이 친구 커피를 홀짝했다가 정색하고 돈을 더 내라 하는 바텐더를 본 적 있으니 말이다. 브로더 노드, 브로더 소데르, 카페 브로더 모두 같은 브랜드이니 어디를 찾아도 좋다.

2009년 처음 문을 열었을 때, 이곳은 저렴한 스테이크와 양질의 고기를 들여다놓는 정육점으로 유명했다. 더 이상 저렴하지는 않지만 여전히 좋은 고기를 선보이는 것만큼은 확실하다. 프랑스 스테이크 레스토랑에서 영감을 받아 '알 라 카르트A La Carte'를 선보이는 만큼 선호하는 고기 부위와 사이드를 골라, 자신만의 식사를 구성할 수 있다. 스테이크로는 뼈를 제거하지 않고 드라이 에이징한 뉴욕 스테이크, 클래식한 립아이와 행어 스테이크 등이, 사이드로는 아삭아삭한 식감이 매력적인 웨지 샐러드와 포테이토칩을 흩뿌린 맥앤치즈 등이 준비되어 있다. 좀 더 이색적인 경험을 원한다면, 셰프 벤 베팅거Ben Bettinger가 새롭게 구성한 신메뉴에 도전해봐도 좋다.

Laurelhurst Market

로렐허스트 마켓

 NE
3155 E Burnside St.
laurelhurstmarket.com

Lardo/Grassa
라도/그라싸

SW

1205 SW Washington St.
lardopdx.com
grassapdx.com

다운타운에 나란히 붙어있는 라도와 그라싸는 뉴욕과 샌프란시스코에서 실력을 쌓은 셰프 릭 젠카렐리Rick Gencarelli가 운영하는 곳이다. 두 곳 모두 부담 없는 가격으로 점심시간이면 주민들은 물론 근처의 회사원으로 북적인다. 라도는 매장에 들어서면 보이는 돼지 그림에서 알 수 있듯이 돼지고기를 이용한 샌드위치를, 그라싸는 핸드 크래프트 파스타를 메인으로 선보인다. 그라싸의 핸드 크래프트 파스타는 계절에 따라 메뉴가 바뀌는데, 바뀌지 않는 메뉴 까르보나라보다는 계절 재료를 듬뿍 넣은 그 달의 파스타 메뉴를 시도해보길. 바게트에 고기, 채소, 고수를 올린 반미 스타일 샌드위치부터 통돼지 구이가 들어간 샌드위치, 거기에 시원한 맥주를 곁들이고 싶다면 라도로 가면 된다.

Proud Mary Cafe

프라우드 매리 카페

2012 NE Alberta St.
proudmarycoffee.com.

2017년 6월, 멜버른에서 소문난 로스터이자 카페 프라우드 매리가 포틀랜드 알버타 거리에 오픈했다. 로컬 농장에서 가져온 신선한 재료로 건강한 음식을 만드는 프라우드 매리의 철학을 듣고 보니 왜 그 많은 도시를 두고 포틀랜드를 첫 번째 해외 지점으로 선택했는지 이해가 된다. 레스토랑의 많은 스태프 중 긴 수염을 달고 이리저리 가장 바쁘게 움직이는 이가 바로 오너, 놀란 하르트 Nolan Hirte. 그는 가족과 함께 포틀랜드로 이사를 올 정도로 포틀랜드의 매력에 빠져있다. 아침, 점심을 포함한 식사 메뉴와 간단하게 즐길 수 있는 드링크 메뉴가 준비되어 있고 오픈하자마자 입소문을 타는 바람에 알버타 최고의 인기 브런치 레스토랑으로 등극했다. 멜버른의 커피 신을 이끈 이름답게 커피는 물론이고 신선한 채소, 과일을 갈아 만든 계절 주스도 맛있다.

Maurice

모리스

921 SW Oak St.
mauricepdx.com

모리스에 들어서면 언제나 꽃이 먼저 반긴다. 금빛으로 빛나는 접시의 테두리하며, 수저, 포크, 작은 소품들까지 놓여있는 모든 것에 세심하게 고른 흔적이 보인다. 이곳을 이끄는 파티시에 크리스틴 머리Kristen Murray는 파리에서 실력을 갈고 닦았다. 잘 구워진 따뜻한 스콘부터 코로바 초콜릿 웨이퍼스Korova Chocolate Wafers까지, 다양한 종류의 디저트와 제철 재료로 만든 스몰 플레이트는 아무리 먹어도 질리지 않는다. 따뜻하고 보드라운 식감의 키시, 당근과 자두를 곁들인 파슬리잎 샐러드도 인기 메뉴. 여성들의 브런치 장소로 더할 나위 없지만 다만 적은 양이 불만일 수 있다.

OX

옥스

N
2225 NE Martin Luther King Jr. Blvd.
oxpdx.com

아르헨티나의 전통 기법인 우드 파이얼드 그릴링에서 영감받은 제대로 된 고기를 먹을 수 있는 레스토랑이다. 바에 앉으면 오픈 화덕에서 고기를 굽는 모습을 구경할 수 있다. 스페인, 프랑스, 이태리의 요리를 접목한 퓨전 요리를 선보이는데 고기가 메인이기는 하지만 고기를 즐기지 않는 이들을 위한 해산물, 샐러드 메뉴도 다양한 편이다. 메인 요리로는 구운 갈비, 치맛살 스테이크, 소시지가 한 그릇에 올라오는 아사도 아르헨티노$^{Asado\ Argentino}$. 디저트로는 허니 카모마일 아이스크림을 올린 헤이즐넛 브라운 버터 토르테가 인기다.

Tasty N Sons

테이스티 앤 선즈

3808 N Williams Ave.
tastynsons.com

테이스티 앤 알더Tasty N Alder와 자매 레스토랑인 이곳은 동네사람들로 시작해 많은 관광객을 불러들이는 핫한 브런치 레스토랑이 되었다. 피클, 베이컨, 치킨 리버 무스 등이 나오는 브렉퍼스트 보드, 구운 계란과 양고기 소시지를 올려주는 샥슈카, 스테이크와 체다 에그가 인기고 테이스티 앤 알더와 같이 한국식 비빔밥과 김치도 준비되어 있다. 주문한 음식이 나오기 전에는 블러디 메리로 운을 띄우는 것도 좋은 생각이다.

Nostrana

노스트라나

SE
1401 SE Morrison St.
nostrana.com

포틀랜드의 요식업계에서 전설로 불리는 케시 윔스Kathy Whims. 그녀는 노스트라나를 통해 이탈리안 집밥의 정석을 선보인다. 진솔하고 기본에 충실한 음식 덕분에, 미식가와 와인 애호가는 물론, 어린 아이를 둔 가족들도 노스트라나를 찾는다. 이곳에서 꼭 먹어봐야 할 요리는 다음과 같다. 시저 샐러드를 연상시키는 인살라타 노스트라나Insalata Nostrana 샐러드로 입맛을 돋운 다음, 토마토 버터를 가미한 파스타를 음미하면 된다. '비스테까 알라 피오렌티나Bistecca Alla Fiorentina'라 불리는 스테이크 요리는 오크 나무에 구워져 나온다.

Clyde Common
클라이드 커먼

1014 SW Stark St.
clydecommon.com

에이스 호텔과 같은 빌딩이라 굳이 찾지 않아도 한 번쯤은 들르게 되는 곳이 바로 클라이드 커먼이다. 위치가 좋은 건 사실이지만 음식 맛이 별로라면 아침부터 저녁까지, 무슨 요일이건 상관없이 손님들이 찾아오기란 불가능한 일일 거다. 런치도 좋고 디너도 좋지만 가장 좋은 건 해피아워. 메뉴가 한정되어 있지만 큼지막한 버거도 있으니 한 끼 식사로도 충분하다. 런치, 디너만큼 붐비지 않아 좋고, 창밖에 지나는 사람들을 느긋하게 구경할 수 있어서 좋다. 레스토랑 안팎으로 에이스 호텔에 머무는 관광객과 포틀랜더가 적당히 섞여 이색적인 무드가 만들어지곤 한다. 저녁 식사를 마친 후에 이곳을 찾았다면 한쪽에 마련된 바에 앉아 칵테일 한 잔으로 하루를 마무리하는 것도 방법이다.

La Moule

라 물

SE

2500 SE Clinton St.
lamoulepdx.com

프렌치 레스토랑 세인트 잭St. Jack에서 운영하는 또 하나의 레스토랑이자 바인 라 물은 벨지안 스타일을 추구한다. 그 이름에서 알 수 있듯 가장 유명한 건 홍합 요리이고 감자 요리, 양고기도 인기다. 저녁 식사를 마친 후에는 디스코 블루 컬러의 벽지를 지나 한층 어두운 공간의 바로 자리를 옮기는 것이 정식 코스다. 오후 5시부터 6시, 밤 10시부터 12시까지의 해피아워. 싱싱한 오리건 코스트의 굴을 1불에 맛볼 수 있어, 오픈 키친의 모든 셰프들이 굴을 까는 재미있는 장면이 펼쳐진다.

People's Pig
피플스 피그

3217 N Williams Ave.
peoplespig.com

동네 맛집 피플스 피그는 지난 5년간 작은 푸드 카트에서 바비큐를 만들었던 클리프 알렌Cliff Allen이 안착한 공간이다. 이제 그의 바비큐를 푸드 카트가 아닌 노스 윌리엄스 에비뉴에 위치한 정식 레스토랑에서 맛볼 수 있게 된 것이다. 잘 훈제시킨 돼지 어깨살과 양고기에는 오크 나무의 향이 잘 배어있는데, 고기의 육질은 사실 편차가 있는 편이다. 그에 반해 껍질을 제거하지 않은 닭 허벅지 부위를 훈제시키고 기름에 한 번 튀겨낸 후, 할라피뇨 젤리를 덧발라 사워도우 빵 사이에 끼워 넣은 스모크드 프라이드 치킨 샌드위치는 늘 만족스럽다.

Jackrabbit

잭래빗

SW
830 SW 6th Ave.
gojackrabbitgo.com

〈톱 셰프 마스터 Top Chef Masters〉 시즌 4에서 우승을 거머쥔 샌프란시스코의 스타 셰프 크리스 코센티노 Chris Cosentino가 오픈한 레스토랑. 그는 포틀랜드 푸드 페스티벌 '피스트 PDX'에도 매해 빠짐없이 참가해 왔는데, 그때부터 차근차근 이곳에서의 사업을 준비하고 있었다. 샹들리에는 자전거의 틀을 활용해 만들고 포틀랜드의 가죽 브랜드인 태너 굿즈 Tanner Goods의 수제 벨트로 한쪽 벽을 장식했음에도 불구하고 다운타운 한가운데 너무 큰 규모로 오픈해서인지 뭔가 포틀랜드 레스토랑 같지 않은 느낌이 아쉽다. 전 세계에서 가지고 온 햄을 맛볼 수 있는 샘플러, 로즈마리와 마늘을 넣고 졸인 토끼찜요리, 12년 간 셰프 코센티노의 시그니처 메뉴로 꼽혀온 포크찹이 인기 메뉴고 넓은 바 자리에 어울리는 위스키, 와인 리스트도 다양하게 구비했다.

Toro Bravo
토로 브라보

---

120 NE Russell St.
torobravopdx.com

스페인 안달루시아 지역 특유의 북적북적한 타파스 문화에 영감을 받은 토로 브라보는 셰프 존 고램John Gorham이 운영하는 레스토랑으로 스페인을 중심으로 프랑스, 미국 북서부 지역의 감성이 더해진 음식을 선보인다. 부드러운 촉감에 셰리주가 가미된 치킨 리버 무스, 향긋하고 진한 파에야, 마요네즈 베이스의 소스를 곁들인 토마토 튀김, 게살과 돼지고기를 혼합한 육즙이 풍부한 크로켓, 잘 익힌 가리비, 살구와 고수를 넣어 푹 삶은 양고기 요리, 소금에 절인 대구 튀김 등 다양한 음식을 맛볼 수 있다.

Mae

매

5027 NE 42nd Ave.
maepdx.com

노스캐롤라이나에서 자란 셰프 마야 러브레이스 Maya Lovelace는 늘 할머니의 부엌을 동경했고, 할머니 부엌만큼이나 견고한 자신만의 부엌을 멀리 이곳 포틀랜드에서 갖게 되었다. 오직 월, 수만 문을 열고 미리 홈페이지에서 티켓을 구매하는 식인데 여차하면 매진이니 서두르는 편이 좋다. 월요일은 6코스 요리, 수요일은 11코스 요리를 선보이는데 어떤 메뉴를 요리하는지는 홈페이지에 상세하게 나와있다(역시 메인 메뉴는 프라이드 치킨이다!). 지난해 서울과 부산을 다녀와 한국 음식에 푹 빠져있다는 친절한 셰프 마야의 따뜻한 남부 음식을 기대해도 좋다.

Ava Gene's
아바 진스

SE
3377 SE Division St.
avagenes.com

스텀프타운 커피 로스터의 창업자인 듀안 소렌슨 Duane Sorenson과 셰프 조슈아 맥파든 Joshua McFadden 이 함께 시작한 레스토랑. 조슈아는 현재 포틀랜드에서 가장 핫한 레스토랑인 터스크 Tusk의 공동 오너이기도 하다. 아바 진스에서는 시골풍 이탈리안 요리를 경험할 수 있는데, 석탄불로 그을린 빵, 다양한 채소 요리와 파스타 등, 정통적이면서도 색다른 가정식 요리를 선보인다. 오픈 키친, 우드 버닝 파이어, 이탈리아 작품과 록 음악이 묘하게 어우러지는 공간이다.

Aviary
에비어리

1733 NE Alberta St.
aviarypdx.com

큼직큼직하게 깍둑 썬 수박 샐러드에 바삭하게 튀긴 닭 껍질을 곁들이려면, 능숙한 셰프에게도 큰 용기가 필요하다. 에비어리는 그 담대함과 기술을 겸비한 곳이다. 이곳의 셰프인 사라 플리너^{Sarah Pliner}는 여러 나라의 맛을 통합한 조금은 '엉뚱한' 요리를 선보인다. 많은 매체에서 에비어리를 두고 아시안, 유러피안, 프렌치 등 각가지 수식어를 들먹이는 이유다. 프랑스와 중국의 조합, 일본과 인도의 조합 등 예상할 수 없는 음식은 평가가 좋은 편이니 에비어리만의 개성을 구축한 셈이다.

Pine Street Market

파인 스트리트 마켓

126 SW 2nd Ave.
pinestreetpdx.com

포틀랜드에서 머무는 시간이 촉박하다면 파인 스트리트 마켓으로 가면 된다. 포틀랜드의 잘나가는 레스토랑, 디저트 가게 9개를 모아둔 푸드 코트로 식사부터 커피, 디저트까지 한자리에서 끝낼 수 있다. 1886년 문을 연 공장을 리모델링해 2016년 오픈했으며 다운타운 가까이에 위치해 찾아가기도 좋다. 마루킨 라멘Marukin Ramen, 올림피아 프로비전에서 선보이는 OP 부르스OP wurst, 스페인 타파스 바인 폴로 브라보Pollo Bravo, 솔트 앤 스트로우의 새로운 버전인 위즈 방 바Wiz Bang Bar까지 조금씩 여러 개의 맛을 보는 것도 현명한 생각이다.

Olympia
Oyster Bar

올림피아 오이스터 바

4214 N Mississippi Ave.
oobpdx.com

아시아와 라틴계에서 영감을 받은 타파스 요리를 내놓는다. 말굽 형태로 굽어진 바 안쪽에는 얼음으로 만든 '길'이 있는데, 그 위에는 북서부 지역에서 자란 오이스터가 아기자기하게 진열되어 있다. '들썩이는 파도의 맛' '권위적인 맛' 등 각 지역 굴의 특징을 묘사한 테이스팅 노트 또한 재미있다. 주말 브런치 시간에는 칠라낄레스와 샥슈카가 인기고, 평일 저녁은 프리미엄 오이스터를 저렴하게 즐길 수 있는 해피아워로 붐빈다. 일주일에 단 하루, 화요일의 해피아워에는 단돈 9달러에 오이스터 여섯 조각을 맛볼 수 있다.

The Woodsman Tavern

더 우즈맨 타번

4537 SE Division St.
woodsmantavern.com

2011년 시작된 이곳은 오리건, 워싱턴주에서 온 생굴과 시골풍 햄을 위주로 선보인다. 가게 앞면에는 석화가 진열되어 있고, 그 왼쪽에는 각종 위스키가 즐비한 바 공간이 있다. 해피아워를 이용하면 번스 포인트 Burns Point부터 네타르츠 Netarts까지, 여러 지역에서 온 굴을 2달러에 즐길 수 있다. 110불어치의 해산물 산더미를 즐길 수 있는 '시푸드 타워' 또한 인기 메뉴이지만 그날그날 편차가 있는 편이니 혹 옆 테이블의 누군가가 주문했다면 스캐닝을 거친 후 주문하는 편이 좋겠다.

Ned Ludd

네드 루드

3925 NE MLK Blvd.
nedluddpdx.com

2008년 오픈한 네드 루드는 오랜 시간 포틀랜드스러운 레스토랑 중 하나로 꼽히는 장소다. 앞에서 설명한 것처럼 포틀랜드의 많은 레스토랑이 팜 투 테이블을 실천하고 있는데 그 시작이 바로 네드 루드였다 해도 과언이 아니다. 오너 셰프인 제이슨 프렌치Jason French는 모든 재료를 자신의 벽돌 오븐에서 요리한다. 뻔하지 않은 아메리칸 음식이 먹고 싶은 때 찾게 되는 곳이다.

Vivienne Kitchen & Pantry

비비안 키친 앤 팬트리

NE
4128 NE Sandy Blvd.
viviennepdx.com

소소하고 단정하고 따뜻한 브런치 레스토랑. 빈티지 커피잔, 그릇은 하나도 같은 것이 없고 수줍게 걸린 전구와 테이블 위의 작은 꽃은 정겹기까지 하다. 브런치 메뉴는 베이컨과 치즈를 넣은 프리타타, 프로슈토나 베이컨 중 하나를 선택해 함께 먹을 수 있는 에그 샌드위치가, 점심 메뉴는 튜나 샐러드, BAT 샌드위치가 인기고 브리오니와 크로아상 등 베이커리도 준비되어 있다. 오랜 전통의 할리우드 극장 Hollywood Theatre 바로 옆에 위치해 영화를 관람하기 전 들르기 좋다.

Zell's Café

젤스 카페

SE
1300 SE Morrison St.
zellscafe.com

미국 홈스타일 브런치를 제대로 선보이는 곳. 스위디디디Sweedeedee나 브로더 노드Broder Nord와 달리 관광객에게 알려지지 않아 더 좋은 장소다. 베네딕트와 해시 포테이토, 더치 팬케이크가 유명한데, 특히 이곳의 더치 팬케이크는 레몬, 요거트, 감자 등을 함께 구워내 풍미가 남다르고 블루베리, 복숭아 등 계절 과일을 듬뿍 올려준다. 오랜 시간 이곳의 단골이었던 것으로 예상되는 이웃 주민들이 바에 앉아 여유롭게 브런치를 즐기는 모습을 목격할 수 있다.

Güero

구에로

NE
200 NE 28th Ave.
gueropdx.com

포틀랜드 베스트 푸드 카트에 이름을 올리던 구에로가 어엿한 레스토랑으로 오픈했다. 가격은 푸드 카트일 때와 다르지 않고 맛은 더 깊어진 덕분에 순식간에 노스이스트 지역의 인기 레스토랑으로 등극했다. 그 이름에서 유추할 수 있듯 멕시칸 요리를 선보이며 멕시칸 샌드위치, 토르타와 보울이 주 메뉴고 스낵과 사이드 메뉴를 추가할 수 있다. 바 자리에 앉아 라밤바와 마르게리따를 사이좋게 한 잔씩 시켜두고 먹는 점심은 꿀맛이다.

Beast

비스트

5425 NE 30th Ave.
beastpdx.com

프렌치 레스토랑으로 엑스파트리에이트 Expatriate라는 바와 함께 운영한다. 그 주의 메뉴는 화요일 저녁 홈페이지를 통해 오픈하고 매주 수요일 메뉴를 바꿔 한 주간 같은 메뉴를 제공한다. 브런치 메뉴 역시 매주 바뀌는데 그 주 마켓에서 구매한 싱싱한 재료로 만드는 식이다. 수요일부터 토요일까지는 저녁에 걸쳐 두 번, 일요일은 한 번만 디너를 제공한다. 저녁을 계획한다면 와인 페어링에 도전해 볼 것.

Milk Glass Mrkt

밀크 글래스 마켓

N
2150 N Killingsworth St.
milkglassmrkt.com

구운 연어나 베이컨 중 하나를 골라 달걀과 함께 먹는 체다 비스킷이 대표 메뉴. 훈제 연어, 삶은 달걀, 렌틸콩, 새싹채소를 한 접시에 모아놓은 플레이트는 보기만 해도 건강해질 것만 같은 기분이 든다. 베이킹에 남다른 재주가 있는 오너 셰프 낸시 벤슨Nancy Benson이 만들어놓은 쿠키, 베이커리도 별미다. 미리 예약하면 고퀄리티의 케이크를 구매할 수도 있다.

Bar Casa Vale

바 카사 발레

215 SE 9th Ave.
barcasavale.com

클라이드 커먼 Clyde Common의 오너가 운영하는 스페인 레스토랑 바 카사 발레에서는 타파스와 셰리주를 가볍게 즐기기 좋다. 암탉 요리에서부터 문어 요리까지 깊게 밴 스모크 향이 입맛을 돋우고 바에 진열된 30여 개의 셰리 리스트와 와인 리스트와 더해지면 더욱 만족스러운 식사가 가능해진다. 주중에는 5시부터, 주말에는 4시부터 6시까지 운영하는 해피아워가 인기. 일요일은 하루 종일 해피아워를 즐길 수 있다.

Nodoguro
노도구로

SE
2832 SE Belmont.
nodoguropdx.com

포틀랜드에서 제대로 된 오마카세를 먹고 싶다면 노도구로로 가야 한다. 그리고 홈페이지로 들어가 예약을 마쳐야 한다. 그날의 주제에 따라 다르지만 평균 1인당 125불 정도의 만만치 않은 가격에도 예약을 못해서 못 가는 정도니 말이다. 월요일, 화요일은 쉬고 하루에 한 번 저녁 7시에만 손님을 받으며 손님의 식사가 끝나는 대로 문을 닫는다. 서너 가지의 주제로 돌아가며 선보이는데, 하드코어 스시 또는 슈퍼 하드코어 스시 코스를 선택해야 더 만족도 높은 식사를 할 수 있다. 재패니즈 레스토랑이라는 수식어로 한정하기 어려운, 끊임없이 새로운 메뉴를 만들어내는 셰프 라이언 로드하우스Ryan Roadhouse의 열정이 느껴지는 공간.

Coquine

코퀸

6839 SE Belmont St.
coquinepdx.com

2015년 테이버 파크 근처 조용한 주택가에 문을 연 코퀸은 다음해인 2016년 〈오리거니안〉이 선정한 올해의 레스토랑에 이름을 올렸다. 프렌치 퀴진에서 영감을 받아 창의적인 요리를 하는 셰프 케이티 밀러드 Katy Millard의 실력은 디너 타임의 4코스 또는 7코스 메뉴에서 진가를 발휘한다. 코스 메뉴 외에 다양한 단품 메뉴가 준비되어 있으며 런치 타임에 선보이는 두 사람을 위한 메뉴 코퀸즈 퍼팩트 런치 포 투 Coquine's Perfect Lunch for Two도 인기다. 월요일, 화요일은 아침과 점심만, 수요일부터 일요일까지는 점심, 저녁 메뉴를 선보인다.

Tasty N Alder
테이스티 앤 알더

580 SW 12th Ave.
tastynalder.com

토로 브라보Toro Bravo와 테이스티 앤 선스Tasty N Sons의 오너 셰프이자 제임스 비어드 상 수상의 주인공인 존 고램John Gorham이 처음으로 오픈한 레스토랑으로 포틀랜드 중심인 사우스웨스트 지역의 터줏대감 같은 역할을 맡고 있다. 런치와 디너 두루 인기고 펍도 함께 운영한다. 런치 메뉴는 이민 커뮤니티에서 영향을 받아 다양한 국적의 요리를 선보이는데, 재미있는 건 양념치킨 덮밥과 비빔밥이 인기라는 사실. 바 자리에 앉아있으면 재료를 얹어놓은 선반 위에서 낯익은 이름의 한국 고추장도 발견할 수 있다. 디너 메뉴는 전통 스테이크하우스 콘셉트를 가진 만큼 그릴드 램, 불고기 쇼트 립, 와규 스테이크, 립아이 등 다양한 고기 메뉴를 선보인다.

Southpark
Seafood

사우스파크 씨푸드

한 수족관에 석화를 전시해놓은 모습도 흥미롭다. 캐나다와 뉴질랜드를 포함해 13가지 종류의 석화를 맛볼 수 있고 미서부 해안 지역 특유의 큼지막한 조개가 별미다.

901 SW Salmon St.
southparkseafood.com

정통 방식을 고집하던 파에야는 메뉴에서 사라지고, 그 자리에 타파스 형식의 모던한 요리들이 새롭게 들어섰다. 자욱한 수증기 속에 꽃게와 사투를 벌이는 셰프들을 지켜보는 재미도 쏠쏠하고, 거대

Canteen

칸틴

더해지며 입소문을 타기 시작했고 푸드 카트로 시작한 사업은 이제 레스토랑으로 자리 잡을 만큼 성공했다. 아침에는 영양 풍부한 오트밀이, 점심 메뉴는 포틀랜드 보울이 인기다.

2816 SE Stark St.
canteenpdx.com

포틀랜드의 푸드 신에 반해 포틀랜드로 이사 온 뉴욕 출신의 오너 브라이언 헥 Brian Heck은 퀴노아, 케일, 아보카도로 요리한 건강식을 선보인다. 건강한 재료에 채식주의자가 아니어도 만족스러운 '맛'이

Besaws
비소즈

1545 NW 21st Ave.
besaws.com

Dustin Clark가 주방을 맡아 기존의 인기 있는 메뉴는 그대로, 시대에 맞는 새로운 메뉴를 더했다. 저녁보다는 브런치가 유명하고 그중에서도 에그 베네딕트의 인기가 좋다. 매일 오후 5시부터 7시 사이 바에 앉으면 맥앤치즈, 버거, 피자와 음료를 더 저렴하게 즐길 수 있다.

문을 연 지 110년이 지난 비소즈는 2015년 노스웨스트로 이전하며 새단장을 마쳤다. 1903년 오픈했을 당시의 네온 조명, 특유의 분위기도 여전하고 맛도 그대로라 오랜 단골의 방문이 이어지고 있다. 와일드우드에서 활약했던 셰프 더스틴 클라크

Prasad
프라사드

21 NE 12th Ave.
prasadpdx.com

보울과 푸짐한 샐러드, 신선한 주스와 스무디를 맛볼 수 있는데 오로지 유기농 식재료만을 취급한다는 점이 훌륭하다. 오전 11시 전에 가면 호박 와플, 초콜릿-피넛 버터 오트밀과 딸기 치아 푸딩 등 독특한 건강식을 맛볼 수 있다. 스미스 티와 트레일헤드 커피, 생맥주, 와인 등 음료 메뉴도 다양하다.

펄 디스트릭트에 위치한 1호점은 요가 센터와 나란히, 노스웨스트에 위치한 2호점은 클라이밍짐 건물에 자리 잡았다는 점에서 알 수 있듯 운동하는 이들을 위한 건강한 음식을 소개한다. 영양 가득한

Tin Shed
Garden Café

틴 셰드 가든 카페

NE
1438 NE Alberta St.
tinshedgardencafe.com

오늘의 목적지가 알버타 거리이고 배부른 아침 식사를 원한다면 틴 셰드만한 곳이 없다. 주말에는 30분 이상 기다려야 하는 것이 단점이기는 하지만 이제는 너무 핫해진 알버타 거리에서 접시에 삐져나올 만큼 음식을 푸짐하게 내어주는 곳도 드물 테니 말이다. 레스토랑에 유난히 개가 많은 이유는 개들에게 특히나 친절한 레스토랑이기 때문. 넓은 테라스 공간도 마련되어 있어 날이 좋을 땐 광합성하며 식사하기 좋고 바로 옆에 케이스 스터디 커피 Case Study Coffee가 있어 커피 한 잔 하러 이동하기 좋다.

Screen Door

스크린 도어

NE
2337 E Burnside St.
screendoorrestaurant.com

포틀랜드에서도 미국 남부 음식을 맛볼 수 있다. 그것도 제대로 된 곳에서 말이다. 먼저 겉은 바삭하고 안은 촉촉한 치킨에 푹신한 와플을 곁들인 치킨 앤 와플을 정복했다면, 다른 남부 요리를 시도해봐야 한다. 이것저것 맛보고 싶다면 세 가지의 사이드 디쉬를 고를 수 있는 '스크린 도어 플레이트'가 좋은 선택이다. 에어룸 토마토와 셰리 식초로 맛을 낸 샐러드는 매시 포테이토와의 궁합이 특히 훌륭하다. 늘 다 먹지 못하고 포장해올 만큼 양도 듬뿍이라 많이 먹는 남자 손님에게 특히 반응이 좋은 곳이다.

3   Dessert Shop

달콤함이 머무는 포틀랜드의 디저트숍

포틀랜드에 온 적이 없는 이들도 솔트 앤 스트로우, 알마 초콜릿, 부두 도넛의 이름은 한 번쯤 들어보았을 거다. 초콜릿과 추로스, 아이스크림과 도넛까지, 포틀랜드에는 요리의 명성을 넘어서는 유명한 디저트숍이 있다. 포틀랜드에서 정복해야 할 디저트 리스트.

Pip's Original Doughnuts & Chai

핍스 오리지널 도넛 앤 차이

 NE

4759 NE Fremont St.
pipsmobile.com

주문을 받자마자 도넛을 튀기기 시작하는 곳으로 생꿀이나 뉴텔라를 얹은 도넛, 한입에 쏙 넣을 수 있는 아기자기한 도넛으로 유명하다. 남녀노소 할 것 없이 온가족이 찾아와 주말의 여유를 만끽하는 모습이 펼쳐지는 곳. 도넛을 먹기 위해 습관처럼 커피를 주문할 수 있겠지만 이곳에서는 꼭 차이 블렌드를 먹어보길. 이제까지 먹었던 모든 차이가 얼마나 싱거웠는지를 깨닫게 될 테니까.

Blue Star Donuts

블루 스타 도넛

SW

1237 SW Washington St.
bluestardonuts.com

로컬들이 가는 도넛 가게가 어디냐고 묻는다면 정답은 바로 블루 스타 도넛이다! 가격이 좀 더 비싸더라도 좋은 재료를 사용하고 그리 오래 기다리지 않고 먹을 수 있는 블루 스타 도넛은 뭔가 건강한 맛이 느껴진다고나 할까? 위스키를 가미한 블루베리 버번 베이즐 Blueberry Bourbon Basil, 솔티드 카라멜 Salted Caramel, 헤이즐넛 둘쎄 데 레체 Hazelnut Dulce de Leche, 레몬 파피시드 Lemon Poppyseed, 바나나즈 포스터 Bananas Foster 등 전에 없는 도넛을 선보이고 그날 만든 도넛은 소진되는 즉시 문을 닫아버리는 배짱 있는 영업을 한다는 점도 마음에 든다. 포틀랜드에 6개의 지점을 두고 있으니 어느 곳을 찾아도 좋다.

Salt & Straw

솔트 앤 스트로우

2035 NE Alberta St.
saltandstraw.com

알버타 스트리트, 사우스이스트 디비전, 23rd를 걷다가 길게 이어지는 줄을 본다면 그곳이 솔트 앤 스트로우일 가능성이 매우 높다. 2011년 알버타 거리의 푸드 카트로 시작해 포틀랜드를 대표하는 'One and Only' 아이스크림 브랜드가 되었고 샌프란시스코와 LA에도 지점을 낼 만큼 인기를 얻고 있다. 그들의 성공 전략은 바로 '팜 투 아이스크림'. 로컬에서 자란 재료를 듬뿍 넣어 만든 아이스크림은 가게에서 직접 구운 와플 콘과 환상의 궁합을 만들어낸다. 라벤더, 소금, 발사믹 식초 등 아이스크림 재료로 어울리지 않을 것 같은 그 재료들이 어떻게 다시 태어나는지를 직접 경험해보길.

180 Xurros
원에이티 추로스

2218 NE Broadway St.
180pdx.com

사실 '추로스가 달라봤자.'라고 생각했다. 그런데 다르다. 바삭바삭하고 쫄깃하고 너무 달지 않아서 더 맛있다고나 할까? 이제까지 놀이동산에서 먹던 추로스는 추로스가 아니었던 거다. 오리건의 첫 번째 추로스숍인 원에이티는 로컬의 이스트만을 재료로 사용하고, 매일 적은 양의 추로스를 만들어낸다. 클래식 추로스, 누텔라 또는 초콜릿, 아이스크림을 올린 추로스 등 원에이티에서만 만날 수 있는 추로스는 재미있는 플레이트 위에 올려져 더 매력적이다. 180은 추러스가 맛있게 구워지는 온도를 의미한다고 한다.

포틀랜드 태생의 초콜릿 브랜드. 시솔트 헤이즐넛 크런치 바, 피넛 버터 크런치 바 등 초콜릿과 진득한 목넘김이 끝내주는 드링킹 초콜릿이 시그니처 메뉴다. 타이밍을 잘 맞춰 사우스이스트점을 찾으면 초콜릿이 만들어지는 과정을 구경할 수 있다. 초콜릿의 경우 꽤 많은 포틀랜드의 숍에서 판매하고 있어 여행하는 동안 자주 발견할 수 있을 거다.

Alma Chocolate

알마 초콜릿

 SE

1323 SE 7th Ave.
almachocolate.com

Voodoo
Doughnut

부두 도넛

---

22 SW 3rd Ave.
voodoodoughnut.com

줄서 있는 관광객들로 인산인해를 이루는 기상천외한 모양의 도넛을 구경할 수 있는 부두 도넛은 모든 포틀랜드 가이드북에 등장하는 인기 장소다. 홈리스 시설이 가까이 자리하고 있어 줄 서는 동안 그들의 적극적인 구애를 받아야 하고, 한 시간 정도 기다려야 하며, 카드를 받지 않아 현금을 미리 준비해야 하는 부두 도넛은 사실, 로컬들은 좀처럼 찾지 않는 장소라는 사실. 가격이 저렴한 반면 세 입 이상 먹기에는 너무도 달아 옆 사람에게 패스하게 되는 도넛이지만 포틀랜드에서만 경험할 수 있는 뭔가를 찾는 이들에게는 피해갈 수 없는 장소다.

Pinolo Gelato

피놀로 젤라토

SE
3707 SE Division St.
pinologelato.com

날은 덥고, 사우스이스트 디비전 솔트 앤 스트로우의 줄이 너무 길다 싶을 땐, 옆에 위치한 피놀로 젤라토가 좋은 대안일 수 있다. 이탈리아에서 온 산드로 파올리니Sandro Paolini는 매일 아침 그의 숍에서 젤라토를 만든다. 피오 드 라떼Fior de Latte부터 헤이즐넛까지, 토스카나식 전통 젤라토를 맛볼 수 있다. 숙소에서 통째로 잡고 퍼먹을 수 있는 젤라토 파인트도 판매한다.

Angels Donuts & Ice Cream

앤절 도넛 앤 아이스 크림

 NE

2805 NE Alberta St.

미국식 케이크, 꽈배기를 연상시키는 크룰러^{Crueler}를 먹고 싶다면, 앤젤만한 곳이 없다. 미국 어느 시골에서나 등장할 법한 노란 페인트로 치장한 가게에 들어서면, 노릇하게 튀겨낸 페이스트리가 눈과 코를 자극한다. 1달러를 조금 넘는 저렴한 도넛과 아이스크림, 버거 메뉴도 준비되어 있다. 알버타 거리를 걷다가 당이 떨어진다 싶을 때 찾는 장소.

4   Food Cart

자유롭고 창의적인 요리의 향연, 포틀랜드의 푸드 카트

푸드 카트는 포틀랜드의 푸드 신을 이야기할 때 빠뜨릴 수 없는 키워드다. 미국 내 다른 도시와 달리 포틀랜드의 푸드 카트는 움직이지 않고 한곳에 정착하는데, 푸드 트럭이 아닌 푸드 카트라 불리는 이유가 바로 이 때문이다. 다운타운은 물론 거리 곳곳에 전 세계의 음식을 아우르는 400여 개의 푸드 카트가 자리 잡고 있고 푸트 카트가 모인 단지도 있다. 해가 지면 문을 닫고, 여름이면 자유롭게 휴가를 떠나는 푸트 카트 셰프들의 마인드만큼이나 자유롭고 창의적인 요리를 경험할 수 있는 장소다.

Matt's BBQ

매츠 비비큐

4709 NE Martin Luther King Jr Blvd.
mattsbbqpdx.com

뉴욕 롱 아일랜드에서 태어나고, 오스트레일리아에서 요리를 공부한 매트 도미니Matt Domini는 텍사스 스타일의 바비큐를 요리한다. 양지머리 부위인 브리스킷을 본토 방식 그대로 훈제시키는 식이다. 립즈, 풀드 포크, 치즈가 줄줄 흘러나오는 할라피뇨 체다 치즈 소시지가 인기 메뉴다.

Chicken and Guns

치킨 앤 건즈

1207 SE Hawthorne Blvd.
chickenandguns.com

미국과 라틴 스타일을 조합한 닭 요리를 선보인다. 대표 메뉴는 파머스 마켓 샐러드와 바삭바삭한 감자 요리를 곁들인 로스티드 라틴 치킨. 백참나무에 불을 지펴, 향신료를 꼼꼼히 문지른 닭을 구운 다음, 녹색의 아히 소스를 뿌려 마무리하는 게 치킨 앤 건즈의 비법이다. 치킨은 촉촉하고 껍질에는 향신료 특유의 향이 잘 배어있다.

Gumba

검바

NE Alberta St. & NE 23rd Ave.
gumba.clydeapp.com

푸드 카트에서 파는 파스타로 말하자면 검바의 맛을 이기기는 쉽지 않을 것 같다. 레스토랑에 내어놓아도 흡족할 만큼 완성도 있는 파스타를 선보이는 곳. 메뉴는 자주 바뀌는 편이지만, 넙적한 리본 모양의 파스타인 파파르델레Pappardelle는 기본 메뉴로 언제든 맛볼 수 있다. 갈비로 무게감을 준 라구 소스에 양젖으로 만든 고소한 치즈 페코리노를 올린 파파르델레는 검바의 실력을 아낌 없이 보여주는 메뉴다.

Fine Goose
파인 구스

NE

1533 NE Alberta St.
finegoose.us

니수아즈 샐러드나 차가운 오이 수프 같은 서민 음식을 팔 법한, 프랑스 서쪽 지역의 동네 맛집 같은 곳. 실제로 파인 구스를 이끄는 셰프 장 브로퀘어Jean Broquere는 프랑스 남부 지역 출신이다. 집안 대대로 내려온 비법으로 만든 라타투이는 프랑스 전통 채소 스튜로 따뜻한 요리임에도 불구하고 더운 여름날과 잘 어울린다. 채소 파이 키시, 베이컨과 양파로 속을 채운 에그 타르트도 맛있다.

Nong's Khao Man Gai
농즈 카오 만 가이

SW

SW 10th & Alder St.
khaomangai.com

방콕 출신의 농 푼숙와타나Nong Poonsukwattana는 TED 토크 포틀랜드 편에 강연자로 나설 만큼 유명인이다. 힘든 개인사를 이겨내고 푸드 카트의 성공을 이뤄낸 이야기가 알려지면서 유명세를 치렀다. 그녀는 태국 레스토랑 폭 폭Pok Pok에서 일한 경험을 살려 외국인의 입맛에 잘 맞는 치킨라이스를 만들어냈다. 따뜻한 밥 위에 부드럽게 익힌 닭, 소스와 작은 국이 함께 나오는 치킨라이스, 오직 하나의 메뉴만 선보이며 얼마 전 다운타운에 레스토랑을 오픈했다.

Dos Mundos
도스 문도스

SW

2379-2401 Pacific Hwy W.
dosmundosfc.com

캘리포니아주 나파 밸리와 오리건주 와인 지역인 뉴버그의 파인 다이닝 레스토랑에서 실력을 쌓은 예주스 에르난데즈Jesus Hernadez가 선택한 종목은 '오악사칸Oaxacan' 음식이다. 정통적인 오악사칸 조리법을 따르면서도, 파인 다이닝에서 익힌 모던한 테크닉을 가미했다. 튀긴 오리건 록피시 생선 위에 다진 토마토로 만든 살사 소스인 피코 데 가요, 양배추, 양파 피클과 치폴레 크레마를 곁들인 타코는 손으로 직접 만든 보드라운 토르티야에 올려져 나온다.

Portland Food Cart

그 밖의 푸드 카트

Straits Kitchen
스트레이츠 키친

SE
1122 SE Tacoma St.
straitskitchenpdx.com

이곳의 인기 메뉴 코코넛 밀크 커리의 원래 이름은 '락사 르막laksa lemak', 고소한 코코넛 커리에 부드러운 닭, 고추기름과 고수가 곁들여져 나온다. 커리가 마치 밀크쉐이크의 농도처럼 걸쭉하게 나오는 날도 있지만, 대부분은 양념이 잘 밴 국수 요리를 맛볼 수 있다. 치킨너겟은 여덟 가지 비법 향신료에 닭을 양념한 후, 기름에 튀겨내고 상큼한 소스에 버무려 완성한다.

Kazumi Sushi
카즈미 스시

N
7316 N Lombard St.
kazumisushi.com

카즈미 스시의 오너 셰프인 카즈미 보이드Kazumi Boyd는 포틀랜드 유명 스시 레스토랑 밤부 스시Bamboo Sushi와 마스 스시Masu Sushi에서 일했던 유능한 셰프다. 그는 날개다랑어와 연어를 주재료로 스시 요리를 선보인다. 특기는 생선이지만 부드러운 두부에 간 생강, 파와 간장이 곁들여져 나오는 두부 요리도 인기다. 한 가지 단점이 있다면 신선한 생선을 다루기 때문에 여느 푸드 카트에 비해 가격대가 높다는 것이다.

Pastrami Zombie
파스트라미 좀비

N
4233 N Mississippi Ave.
sammichrestaurants.com

캐나다 몬트리올 스타일의 파스트라미Pastrami(양념된 소고기를 훈제시켜 차갑게 말린 것)를 맛볼 수 있다. 블랙 오크를 사용해 가게에서 직접 파스트라미를 만드는데, 훈제 과정을 거친 고기는 고소하고, 어두운 빨간 빛을 띤다. 뭘 먹을지 고민이라면 호밀빵 사이에 고기, 치즈와 러시안 드레싱을 뿌린 샐러드를 잔뜩 넣어 나오는 루반Reuben식 샌드위치를 추천한다.

| 1 | 2 | 3 | **1** 파인 구스 **2** 농즈 카오 만 가이 **3** 도스 문도스 |
| 4 | 5 | 6 | **4** 스트레이트 키친 **5** 카즈미 스시 **6** 파스트라미 좀비 |

CHAPTER 3

DRINK

1 Coffee Roasters & Tea Café

가장 완벽한 한 잔을 위한
포틀랜드의 커피 로스터와 티 카페

시애틀에서 시작된 스타벅스가 전 세계에 수만 개의 매장을 오픈하는 동안, 포틀랜드의 독립적인 커피 로스터와 카페는 지역 안에서 그들만의 커피 문화를 지키고 발전시켜나갔다. 포틀랜더는 자신이 마시는 커피가 포틀랜드의 뒷마당에서 로스팅한 신선한 커피이기를 원했고 그렇게 탄생한 커피 로스터의 최고의 조력자가 되어주었다. 각각의 커피를 한 번에 하나씩 수고스럽게 만들어야 하는 '느리게 커피 마시기'의 방법인 '푸어 오버'를 고수하고 전 세계를 돌며 사온 원두를 직접 로스팅, 블렌딩하는 커피 로스터의 노력에 걸맞게 포틀랜더는 다소 비싼 커피 가격을 합당하게 받아들이며, 커피 한 잔을 주문하기 위해 기꺼이 그 긴 줄에 합류한다. 맛있는 커피 한 잔을 위한 시간과 수고로움에 투자할 줄 아는 공급자와 수요자, 그것이 오늘날의 '스페셜리티 커피'의 도시 포틀랜드를 가능하게 했다.

Coava Coffee Roasters

코아바 커피 로스터스

1300 SE Grand Ave.
coavacoffee.com

커피는 물론 인더스트리얼 인테리어와 직접 디자인한 푸어오버 장비들까지 브랜드의 정체성이 고스란히 녹아있다. 카페 한편에 밤부 작업실을 마련, 넓은 홀에 테이블 서너 개만 두고 나머지 공간을 놀리는 쿨함이란. 거기에 로스팅한 커피를 테이블 위에 늘어놓고 맛을 보며 서로 의견을 나누는 바리스타들을 보고 있으면 브랜드에 대한 믿음이 절로 간다. 이곳의 오너 매트 히긴스Matt Higgins는 커피에 대한 애정과 열정이 대단하다. 자신의 개인 오피스에 30여 개의 커피 식물을 심어 키우고 있는데, 오로지 커피가 자라는 과정을 연구하기 위해서라고 한다. 포틀랜드에 매장을 계속해서 오픈 중이고 얼마 전 샌디에이고까지 진출했다. 거기다 오리건의 많은 커피숍에서 코아바의 원두를 사용하면서 수요가 크게 늘었고 그 결과 탄생하게 된 것이 코아바 커피 로스터 퍼블릭 브루 바 & 로스터스Public Brew Bar & Roasters다. 2년 간의 준비기간을 거쳐 1200평방미터의 넓은 공간에 대형 로스터 기계로 무장한 공간은 직원을 교육하는 헤드쿼터, 로스터링에 중점을 두기 때문에 오후 2시까지만 오픈한다. 그랜드 지점과 가까워 함께 둘러보기 좋다.

Sterling
Coffee
Roasters

스털링 커피 로스터스

518 NW 21st Ave.
sterling.coffee

힙스터가 몰리는 커피숍도 좋지만 동네 사람들에게 오랜 시간 꾸준히 사랑받는 스털링 같은 커피숍이야말로 '진짜'가 아닐까. 하얀 리넨으로 덮인 탁자 위에 놓인 꽃, 단정한 셔츠에 나비넥타이를 한 스태프가 단 하나의 커피숍, 스털링만의 우아한 분위기를 만들어낸다. 평소에 에스프레소를 즐기지 않지만 이곳에서는 에스프레소를 주문한다. 에스프레소가 싱글 몰트 전용 잔에 담겨져 나오는데 그걸 마시고 있으면 대낮부터 위스키를 마시는 멋진 할머니라도 된 것 마냥 괜히 기분이 좋아지기 때문이다. 가끔은 시그니처 커피 원두인 블랜도 스튜펜도 Blendo Stupendo를 주문하고 신문 읽는 아저씨 옆에 자리 잡아 주말 아침을 시작한다.

그랬던 스털링 커피가 얼마 전 이사를 했다. 넓어지고 모던해진 공간이 왠지 서운하지만 에스프레소 맛도, 셔츠에 나비넥타이를 한 스태프의 의상도 그대로라 다행이다.

Barista

바리스타

539 NW 13th Ave.
baristapdx.com

로스터리가 아님에도 불구하고 5개의 매장을 두고 있다는 건 바리스타의 인기를 실감케 하는 대목이다. 포틀랜드 전역에서 유명하다는 커피 원두를 번갈아가며 선보이는 일명 '포틀랜드 원두 편집숍'이기 때문에 방문할 때마다 다른 커피를 맛볼 수 있다. 푹신한 소파가 자리한 놉힐 지점과 알버타 지점도 인기지만 단 하나만 찾는다면 펄 지점이어야 한다. 역사적인 건물에 자리 잡고 있는 펄 지점의 야외 테라스는 포틀랜드를 상징하는 이미지에도 자주 소개되는 장소. 놉힐 지점의 경우 그 흔한 와이파이와 전기 플러그를 찾아볼 수 없다는 점은 좀 아쉽다.

Heart Coffee Roasters

하트 커피 로스터스

---

537 SW 12th Ave.
heartroasters.com

하트 커피 로스터의 오너 윌 일리-루오마^{Wille Yli-Luoma}는 원두를 볶을 때마다 일관된 맛을 내기 위해 양조절에 심혈을 기울인다. 덕분에 가볍지 않으면서도 모험적인 맛으로 포틀랜드 커피 시장에서 확실한 존재감을 지켜오고 있다. 번사이드 지점은 다운타운에서 걸어서 찾아갈 만한 거리고 사우스이스트 지점 또한 루체^{Luce}, 나바르^{Navarre} 등 레스토랑 가까이 위치하고 있어 접근성이 좋다.

매번 귀여운 하트 로고가 새겨진 커피잔을 들고 커피를 마시고 있노라면 집에 하나 사가고 싶은 마음이 든다. 숍 한쪽에 전시된 텀블러도 마찬가지다.

Cup & Bar

컵 앤 바

 NE

18 NE Martin Luther King Jr Blvd.
cupandbar.com

트레일헤드 커피 로스터스Trailhead Coffee Roasters와 랜저 초콜릿 컴퍼니Ranger Chocolate Company가 만나 포틀랜드 최초의 커피, 초콜릿 공동 테이스팅룸 컵 앤 바가 탄생했다. 널찍한 내부에는 커다란 나무 테이블과 의자가, 벽에는 자전거가 걸려있고 더 안쪽으로 들어가면 로스팅 기계들이 자리 잡고 있다. 커피를 찾는 이들만큼이나 초콜릿을 마시기 위해 찾는 손님도 많은데 그중에서도 인기는 컵 위로 초콜릿 가루를 넘치도록 담아주는 더티 칼리Dirty Charlie. 리코타 치즈 위에 아보카도를 아낌없이 얹은 토스트와 함께하면 브런치 장소로도 손색없다.

Stumptown Coffee Roasters
스텀프타운 커피 로스터스

SE
4525 SE Division St.
stumptowncoffee.com

1999년에 시작되어 이제는 다른 도시에서도 만날 수 있는 스텀프타운이지만 그 시작은 포틀랜드였다. 피츠^{Peet's}에 브랜드를 넘기면서 맛이 예전 같지 않다는 둥 말이 많지만 여전히 포틀랜드를 상징하고 있고 많은 이들이 찾고 있다는 사실만큼은 분명하다.

한 가지 더, 그루터기를 의미하는 '스텀프'는 커피 브랜드의 이름이기 전에 포틀랜드의 닉네임이다. 도시가 갑자기 개발되면서 많은 나무가 잘려나가 그루터기만 남은 모습을 보고 한 사업가가 했던 말에서 유래되었다. 에이스 호텔 외에도 벨몬트, 디비전에 지점을 두고 있다.

Saint Simon Coffee Company

세인트 사이먼 커피 컴퍼니

NE
2005 NE Broadway St.
saintsimoncoffee.com

브로드웨이에 위치한 세인트 사이먼 커피 컴퍼니는 사이좋은 형제가 함께 운영하는 커피숍이다. 코아바 커피를 취급하고 스티븐 스미스 티도 즐길 수 있다. 더운 여름 날 이곳을 찾는다면 여러 가지 커피를 맛볼 수 있는 콜드 브루 플라이트 Cold Brew Flight 만한 것이 없다. 공간에 비해 주차장 공간이 널찍해 잠깐 들러 테이크아웃하기에도 좋다.

Deadstock Coffee

데드스톡 커피

NW
408 NW Couch St.
deadstockcoffee.com

신발 디자인 전문학교인 펜솔Pensole 근처에는 신발, 작품, 커피를 한 공간 안으로 끌어들인 작은 커피숍이 있다. 나이키의 개발자로 일했던 이안 윌리엄즈Ian Williams가 오픈한 데드스톡은 운동화 마니아들을 위한 갤러리이기도 하고, 업계 사람들이 모여 친목을 다지는 공간이기도 하다. 벽에는 빈티지 조단 포스터와 해체된 운동화가 걸려있고, NBA 머그잔, 포틀랜드 농구팀 블레이저스의 로고가 그려진 맥주잔들이 번갈아 가며 진열대를 꾸민다. 그걸 보고 있으면 여기가 당최 어디인가 싶은데, 포틀랜드에서만 볼 수 있는 재미있는 커피숍이란 사실은 분명하다.

Courier Coffee

쿠리어 커피

---

923 SW Oak St.
couriercoffeeroasters.com

간판이 잘 보이지 않아 그냥 지나칠 수도 있다. 유독 뮤지션, 작가 등 아티스트들의 방문이 잦은데 그들은 정돈되지 않은 쿠리어 내부의 분위기와 묘하게 어우러진다. 마이크로 로스터인 조엘 돔레이스 Joel Domreis의 성실함 덕분에, 꽤 오랜 시간 포틀랜더의 사랑을 받고 있는 곳으로 아담한 사이즈라 날씨가 좋을 때는 야외의 노란 의자까지 가득 채워지곤 한다. 임팩트한 신맛이 첫맛을 잡아주는 에스프레스를 시작으로 라떼, 카푸치노, 마끼아또, 모카 등 다양한 메뉴를 선보인다.

로컬의 인디 로스터리 원두를 번갈아 가며 사용하다가 직접 로스팅하기 시작했다. 헤이즐넛과 로즈워터를 가미한 향기로운 라떼와 매일 빵집에서 공수하는 페이스츄리가 인기 메뉴. 두 개의 매장 모두 주택가에 위치하고 있어, 노트북을 가져와 일하는 동네 손님들의 방문이 특히 잦다. 문을 열고 들어서면 가장 먼저 눈에 띄는 바닥의 'GOOD DAY' 타일은 인스타그램 인증샷 포인트이기도 하다.

Good Coffee

굿 커피

 SE

4747 SE Division St.
goodcoffeepdx.com

Never Coffee
네버 커피

4243 SE Belmont St.
nevercoffeelab.com

경쾌한 그림으로 벽면을 채운 네버는 포틀랜드뿐 아니라 세계 어디에도 없는 커피를 선보인다. 감초 사탕과 향신료 팔각을 넣은 일명 '미드나잇 오일 Midnight Oil'이라 이름 지어진 라떼, 스파이시 카카오와 시나몬을 넣은 허그Hug, 생강과 오렌지 블러썸 워터를 넣은 홀리 그레일Holy Grail, 케스케이드 홉과 제이콥슨 솔트를 넣은 오리건Oregon 등 오직 네버에서만 마실 수 있는 5가지의 시그니처 음료를 맛볼 수 있다. 계속되는 포틀랜드 커피 투어에 지쳤다면 이색적인 맛을 기대하며 찾아볼 만하다.

Case Study Coffee Roasters

케이스 스터디 커피 로스터스

1422 NE Alberta St.
casestudycoffee.com

샌디, 다운타운, 알버타에 3개의 지점을 두고 있는데 하나를 꼽자면 단연 알버타다. 천장을 올려다보면 가게에서 특별히 주문 제작한, 거대한 샹들리에가 보이는데, 카페인 분자의 형상을 재현한 것이라고. 그 이름 때문인지는 몰라도 노트북을 들고 작정하고 공부하러 오는 사람들이 많은데, 조용하고 아늑한 2층 공간은 그들에게 더할 나위 없는 장소다. 공간에 대한 세심함은 커피로도 이어진다. 칼리타 웨이브로 정성스럽게 내린 푸어오버, 디비에이션 에스프레소 블랜드, 토스티드 헤이즐넛도 인기다.

Ristretto Roasters

리스트레토 로스터스

N
3808 N Williams Ave
rrpdx.com

포틀랜드에 5개의 숍을 가지고 있다. 그중 니콜라이 지점은 가구점 스쿨하우스 일렉트릭Schoolhouse Electric의 로비에 자리 잡고 있는데, 쏟아지는 자연광, 단단한 강철로 정교하게 엮은 바 공간과 빈티지 벤치가 이색적이다. 가끔씩 들려오는 기차 소리가 왠지 모르게 어울리는 공간이다. 노스 윌리암스 지점은 널찍하게 뚫려있어서 좀 더 여유롭게 즐기기 좋다. 인기 브런치 가게 테이스티 앤 선즈Tasty N Sons 가까이 위치해 식사 후에 찾기 좋은 동선이다.

Prince Coffee
프린스 커피

2030 N Willis Blvd.
princecoffeepdx.com

다운타운에서 거리가 좀 있는 편이지만 리빙숍 맨틀Mantel, 스펙스 레코즈 앤 테이프스Speck's Records & Tapes와 가까이 위치해 함께 둘러보기 좋다. 주택가에 위치하고 있고 언제 들러도 조용하고 편안한 분위기가 맘에 드는 곳이다. 가구 천 제작숍이자 빈티지 가구를 판매하는 업홀스테리Upholstery와 함께 공간을 사용하고 있는 이 귀여운 커피숍에서는 커피와 함께 네덜란드 전통 디저트인 스트룹 와플을 즐길 수 있다. 네덜란드 출신의 오너 케이트 프린슨Katie Prinsen이 만들어주는 카라멜을 머금은 바삭바삭한 식감의 와플이다. 하트, 코아바 등 로컬 원두를 사용한다.

Upper Left Roasters

어퍼 레프트 로스터스

 SE
1204 SE Clay St.
upperleftroasters.com

몇 년 전만 해도 동네 술집이었던 공간이 햇빛이 잘 드는 세련된 커피숍으로 거듭났다. 로스터스인 만큼 에스프레소가 인기고, 강황 맛이 나는 메이플-튜메릭 라떼Maple-Tumeric Latte는 별미다. 어퍼 레프트 로스터스의 의외의 인기 메뉴는 바로 토스트. 두꺼운 필리프 빵 위에 마늘 버터를 듬뿍 바르고 계란프라이로 마무리한 터키시는 간단한 식사로 제격이다.

Water Avenue Coffee

워터 애비뉴 커피

SE
1028 SE Water Ave.
wateravenuecoffee.com

화물 열차가 다니는 공장 지대의 한 창고를 개조하여 만든 워터 애비뉴의 역사는 2009년 '템퍼러리 커피Temporary Coffee'라는 팝업 가게로 시작되었다. '로스터스'라는 이름이 붙지 않지만 엄연한 로스터스 브랜드로, 1974년에 만들어진 프랑스 배전기계로 로스팅한다. 에스프레소는 싱글 오리진과 블렌드 두 가지를 제공하며 오리건의 많은 커피숍에서 워터 애비뉴의 원두를 취급하고 있다. 큰 창과 재활용한 목재와 기계들로 꾸며진 내부는 외부의 다소 거친 분위기와 잘 어우러진다. 꽤 다양한 음식 메뉴가 준비되어 있어 식사도 가능하다.

Steven Smith Teamaker

스티븐 스미스 티메이커

SE
110 SE Washington St.
smithtea.com

포틀랜드라 해서 커피숍만 있는 것은 아니다. 계속되는 커피 투어로 인한 카페인 디톡스가 필요할 때 티메이커를 찾는 것도 좋은 방법이다. 비가 많이 내리는 도시임을 증명하듯 티 문화 또한 발달했는데 그중에서도 스티븐 스미스의 이름이 대표적이다. 2009년도에 설립된 스티븐 스미스 티메이커는 '차'로 유명한 세계 각지의 원재료를 조금씩 재배해, 그들만의 차를 조합한다. 최고의 재료만을 취급하는 것은 물론, 유니크한 블랜드의 차를 다양하게 선보이고 있다. 이제는 한국에서도 자주 눈에 띄는 티 브랜드이지만 포틀랜드의 매장은 시간 내 찾아야 할 만큼 매력적이다.

Townshend's Tea Company

타운센즈 티 컴퍼니

NE
2223 NE Alberta St.
townshendstea.com

2002년 오리건 대학교의 세미나에서 시작된 티 브랜드로 2006년 정식으로 창립하며 오리건을 대표하는 브랜드로 성장했다. 타운센즈의 티는 전 세계로부터 수집되는데 전통 티, 약용 혼합물, 티 라떼와 차이, 버블 티 등 100여 가지가 넘는 오가닉 차를 선보이는 것으로 유명하다. 무엇보다 전 세계적으로 열풍을 일으키고 있는 콤부차를 브루 닥터 콤부차 Brew Dr. Kombucha라는 이름으로 일치감치 선보이며 톡톡한 인기를 누리고 있다. 첫 번째 지점인 알버타를 시작으로 포틀랜드에 4개 매장, 오리건에 3개 매장을 두고 있으며 곧 유타와 몬타나에서도 타운센드 티 컴퍼니를 만날 수 있다.

Tea Chai Te

티 차이 테

734 NW 23rd Ave.
teachaite.com

사실 흰 벽에 식물을 놓아둔 모던한 티 카페는 세계 어디를 가도, 서울만 해도 넘쳐난다. 포틀랜드의 오랜 시간을 담아 더 애정이 가는 곳은 따로 있다. 15여 년 동안 일하는 방식도 인테리어도 변하지 않고 옛 모습 그대로 간직하고 있는 티 차이 테다. 유기농으로 재배한 재료를 공정무역을 통해 들여오고 수공예 방식으로 차를 만드는 철학 또한 고수하는 브랜드다. 가게 한편을 지키고 있는 수납장에는 120여 개의 재료가 담겨있고 손님이 원하는 재료로 메뉴에 없는, 특별한 차를 블랜딩해주기도 한다.

Tea Bar

티 바

NE
1615 NE Killingsworth St.
drinkteabar.com

포틀랜드에 3곳의 매장을 가지고 있는 티 바는 일본과 중국의 작은 가족 농장에서 생산된 원료를 취급한다. 마차 라떼를 비롯해, 차를 베이스로 만든 독특한 음료를 맛볼 수 있는 곳으로 건강한 음식에 관심이 많은 젊은 포틀랜더의 취향을 반영한 결과 빠른 속도로 성장하고 있다. 하얀 벽과 간결하고 모던하게 꾸민 공간은 브랜드의 이미지와 잘 어우러지고 덕분에 젊은 여성 손님의 방문이 잦다. 버블티 음료인 페일 핑크 보바와 블랙 차콜 디톡스 레모네이드가 인기 메뉴다.

2   Brewery & Bar

풍부한 자연의 맛을 담은 포틀랜드의 브루어리와 바

포틀랜드를 논할 때 빼놓을 수 없는 또 하나의 키워드는 '크래프트 비어'다. 90여 개의 소규모 비어 브루어리가 운영되고 있고 미국 내에서는 물론 전 세계에서 '비어 투어'를 하러 오는 도시가 되었다. 오리건의 홉 재배율은 미국 내에서 17%, 전 세계적으로는 5%를 차지한다. 후드산에서 흘러내리는 풍부한 미네랄을 함유한 물, 보리가 잘 자랄 수 있는 기후와 평원, 수많은 홉 농장, 거기에 정부 차원의 지원과 맥주 장인들의 노력이 더해졌고, 여느 도시에 비해 일찍부터 크래프트 맥주 붐이 시작되었다는 사실도 크게 작용했다. 럭키 래브라도 브루잉Lucky Labrador Brewing의 오너 개리 기스트Gary Geist는 말한다. "포틀랜더는 포틀랜드의 맥주가 이 지역에서 만들어지는 것을 굉장히 자랑스럽게 생각해요. 그들은 새로운 맥주에 도전하는 걸 좋아하고 무엇보다 어떤 맥주가 맛있는 맥주인지 구별할 줄 아는 훌륭한 미각을 가지고 있죠." 적어도 이 도시에서만큼은 맥주 애호가를 자처해야 하는 배경이다.

Breakside Brewery
브레이크사이드 브루어리

1570 NW 22nd Ave.
breakside.com

2010년 오픈, 그 다음해에 전미 맥주 페스티벌에서 메달을 수상하며 이름을 알리기 시작했고 경쟁이 가장 치열하다는 'America IPA' 부문에서 금메달을 수상했다. 만약 훌륭한 맥주와 음식을 선보이는 브루펍을 꼽는 시상식이 있었다면, 브레이크사이드가 쟁쟁한 후보가 아닐까. 포틀랜드에서 줄곧 최고로 꼽히는 IPA와 로컬에서 가지고 온 신선한 식재료로 만든 음식 메뉴는 만족스러운 시간을 보낼 수 있게 한다. 요리를 맛보고 싶다면 디컴 빌딩점이나 노스웨스트점을 방문하는 게 좋고, 맥주만 있어도 행복한 이들이라면 밀워키Milwaukie 테이스팅룸을 찾으면 된다. 개인적으로 가장 좋아하는 곳은 빛이 쏟아지는 테라스와 창가 자리가 있는 노스웨스트 슬랩타운 지점이다.

Ecliptic Brewing

이클립틱 브루잉

825 N Cook St.
eclipticbrewing.com

맥메나민스McMenamins, 풀 세일Full Sail과 드슈츠Deschutes를 비롯해, 여러 브루어리에서 브루마스터로 활동해온 존 해리스John Harris가 오픈했다. 매콤한 필라먼트 윈터 IPA, 과일향이 출중한 스타버스트 IPA 같은 실험적인 IPA를 중심으로 선보이는데 씁쓸한 맛을 살린 맥주가 과반수이지만, 이번 해에 세 개의 메달을 수상한 카펠라 포터Capella Porter는 경쾌하면서도 고소한 맛이 특징이다. 넓은 파티오 자리에 앉아 계절에 따라 바뀌는 안주 메뉴를 즐길 것.

Labrewatory
래브루어토리

N
670 N Russell St.
labrewatory.com

래브루어토리에서 마음에 쏙 드는 맥주를 발견했다면 다음을 기약하지 말고 그날 충분히 즐기는 편이 좋다. '맥주 실험실'이라는 그 이름처럼, 매일같이 새롭고 독특한 맥주를 선보이기 때문이다. 브루잉에 필요한 장비와 용품을 만드는 포틀랜드 케틀 웍스Portland Kettle Works의 프로젝트 펍인 래브루어토리는 다양한 브루어리와 함께 힘을 모아 맥주와 어울리지 않을 법한 식재료를 활용한다. 언젠가 마셨던 스타우트 맥주에는 멕시칸 초콜릿, 계피, 그리고 약간의 유자향이 버무려져 있었다. 뭘 마셔야 할지 고민된다면 그날의 가장 이색 맥주에 도전해보길. 예를 들자면, 테킬라 전용 통에 시큼하게 숙성하고 녹차로 마무리한 블론드 맥주 같은 것으로 말이다.

Paydirt

페이더트

2724 NE Pacific St.
paydirtbar.com

이탈리아에서 즐겨 쓰는 비터즈 중 하나인 페르넷 브랭커Fernet Branca가 탭에서 흘러나오고, 수백 개의 위스키는 선반에 보기 좋게 진열되어 있다. 구석에 100년은 되어 보이는 공중전화 부스가 눈에 들어오는데, 오직 샴페인과 밀러 하이 라이프를 주문하기 위해 들여놓은 거라는 스태프의 설명이 재미있다. 다양한 먹거리가 넘쳐나는 지퍼Zipper 푸드코트에 위치하고 있어, 취향대로 안주를 주문할 수 있다는 점도 매력적. 지퍼의 인기 메뉴는 단연 바실리스크Basilisk의 프라이드치킨 샌드위치! 매주 금요일, 토요일에는 디제이가 직접 음악을 들려준다.

Wayfinder Beer

웨이파인더 비어

SE
304 SE 2nd Ave.
wayfinder.beer

더블 마운틴Double Mountain의 공동 창시자인 찰리 데브러Charlie Devereux와 시즐 파이Sizzle Pie와 포드나즈 피트Podnah's Pit를 이끈 팀원들이 차린 맥주 펍. 향나무로 꾸민 바 공간, 나무로 땐 불로 조리하는 안주거리, 홉 향이 강한 16가지의 맥주가 바로 이곳이 사랑받는 이유다. 독일 느낌이 물씬 나는 맥주도 좋지만, 이곳의 진가는 브루마스터 케빈 데이비Kevin Davey가 활동하는 여름에 발휘된다. 최근 발표한 페일 라거와 IPA를 비롯해, 깨끗한 맛이 일품인 독일과 체코 스타일 맥주를 선보인다.

Loyal Legion Pub

로얄 리전 펍

SE
710 SE 6th Ave.
loyallegionpdx.com

여러 차례 성공적인 레스토랑을 배출한 커트 허프맨Kurt Huffman이 야심차게 오픈한 펍이다. '종류'로 승부를 보는 로얄 리전은 99개의 탭을 소유하고 있으며, 오직 오리건에서 제조된 생맥주만을 선보인다. 원목 자재가 돋보이는 바, 가죽으로 만든 부스와 벽에 걸린 식물, 로얄 리전의 맥주가 만들어지는 과정을 아기자기하게 서술한 그림 설명서가 어우러진 이 공간에서는 여섯 가지의 맥주를 맛볼 수 있는 테이스터즈Tasters, 올림피아 프로비젼스Olympia Provisions의 소시지를 넣은 핫도그가 인기다.

Bible Club PDX
바이블 클럽 피디엑스

우디 앨런이 '미드나잇 인 포틀랜드'를 찍는다면 바이블 클럽이 촬영 장소로 선택될 가능성이 크지 않을까. 금주법 시대를 주제로 한 이 매력적인 스피크이지는 인테리어는 물론 들려오는 음악과 스태프들의 의상까지 완벽하게 주제와 일치한다. 옷걸이, 문고리, 바텐딩 도구와 각종 장식품을 비롯해 내부에 있는 모든 물건들은 100% 빈티지이며, 100년이 넘은 소품도 많아 자꾸 시선을 빼앗긴다. 유니온 진 Union Gin, 비씨 진저 시럽 BC Ginger Syrup, 샐러리 즙과 레몬으로 맛을 낸 데블스 포크 픽스 Devil's Fork Fix가 대표 메뉴이고 칵테일을 빛내줄 안주거리 또한 다채롭다. 노란 단층집에 간판도 없이 감쪽같이 숨어있어 찾아가는 길이 쉽지 않다는 점도 매력적이다.

SE
6716 SE 16th Ave.
bibleclubpdx.com

Victoria Bar

빅토리아 바

4835 N Albina Ave.
victoriapdx.com

내부에 들어서면 생각보다 넓은 규모에 한 번 놀라고 화려한 조명을 받으며 진열된 수많은 위스키 병에 또 한 번 놀란다. 조지 오웰의 〈1984〉를 모티브로 만든 예술 작품, 여러 벽면을 도배한 포스터도 꽤 인상적이다. 영화 〈프린세스 브라이드 Princess Bride〉를 모티프로 구성한 칵테일 중에는 테킬라 베이스에 카다멈으로 강렬한 향과 맛을 낸 이니고 몬토야 Inigo Montoya와 IPA 맥주로 도수를 더한 식스 핑거드 맨 Six Fingered Man이 있다. 비건 요리가 주를 이루는 안주 메뉴는 섬세한 디테일의 접시에 담겨져 나온다. 그걸 맛있게 먹는 이들은 수염을 달고, 비니를 눌러 쓴 힙스터들이다. 그런 장면을 목격하는 재미가 있는 곳.

Hair Of The Dog Brewing Co.

헤어 오브 더 독 브루잉 컴퍼니

SE
61 SE Yamhill St.
hairofthedog.com

포틀랜드를 넘어, 미국에서 최고로 꼽히는 브루어리 중 하나인 만큼 오랜 시간 이곳의 단골이었던 머리가 희끗한 할아버지, 할머니 손님도 자주 눈에 띈다. 탄산 함유량을 증가시켜주는 병입 탄산화와 배럴 에이징을 포함한 획기적인 브루잉 방식을 통해, 독보적인 맥주를 선보인다. 포틀랜드에서 가장 영향력 있는 비어 전문 작가 프레드 에카르트Fred Eckhart가 애정하는 펍으로 유명해, 그의 이름을 따 만든 골든 에일도 있다. 궁금하면 '프레드'를 주문해보길.

Base Camp Brewing Co.

베이스 캠프 브루잉 컴퍼니

930 SE Oak St.
basecampbrewingco.com

'모험'을 테마로 꾸민 베이스 캠프 브루잉 컴퍼니는 야외에서 즐길 수 있는 다양한 라거와 에일 메뉴로 유명하다. 투박하게 꾸민 파티오 공간은 불을 쬘 수 있는 화로와 통나무로 만든 밴치로 꾸며져 있다. 가게 앞에 자리한 푸드 카트에서 간단한 안주거리를 주문한 후, 분위기와 잘 어울리는 에스모어즈 스타우트 S'mores Stout를 마시는 것이 이곳을 즐기는 방식이다.

Cascade Brewing Barrel House

케스케이드 브루잉 배럴 하우스

SE
939 SE Belmont St.
cascadebrewingbarrelhouse.com

사워 맥주를 선호한다면, 이곳만한 곳이 없다. 케스케이드 브루잉은 포틀랜드를 넘어 미국을 통틀어 가장 맛있는 사워 비어 제조사로 손꼽힌다. 배럴 에이징과 블랜딩 등의 브루잉 방식으로 맥주 커뮤니티로부터 인정받는 이곳은 과일향이 출중한 크릭Kreik 맥주가 특히 유명하다. 〈비어 애드보케이트 Beer Advocate〉에서 100점을 주고, 〈뉴욕 타임즈 The New York Times〉가 수차례 별 네 개를 선사했다. 그것을 증명하는 기사와 사진들이 벽에 걸려있다.

Great Notion Brewing

그레이트 노션 브루잉

NE

2204 NE Alberta St.
greatnotionpdx.com

뉴 잉글랜드 스타일의 IPA와 사워를 전문적으로 선보이는 곳. 쥬시한 뉴 잉글랜드 스타일의 IPA와 크리에이티브 사워 에일이 주특기이고 신선한 과일, 메이플, 커피, 초콜릿을 곁들인 맥주도 맛볼 수 있다. 어느 가정집의 마당 같은 야외 공간과 라틴 스타일의 음식 메뉴가 더해져 맥주 한 잔과 함께 브런치를 즐기러 오는 손님도 많다. 그 인기에 힘입어 곧 두 번째 매장이 오픈한다.

Bailey's Taproom

베일리스 탭룸

SW
213 SW Broadway.
baileystaproom.com

그날 엄선한 맥주로 통을 채우는데, 각 맥주는 1배럴씩만 가져다 놓고 소량 판매하는 방식이라 더욱 유명하다. 남아있는 각 맥주의 잔량을 실시간으로 스크린, 홈페이지에서 확인할 수 있게 하는 세심함이란! 선택의 폭이 다양하니 입맛에 딱 맞는 맥주를 찾고 싶다면, 바텐더에게 자문을 구하는 것이 방법이다. 사람이 많아서 앉을 자리를 찾기 힘들 때는 탭룸 뒤편에 위치한 골목으로 가 비밀스러운 문을 열어볼 것. 베일리스가 운영하는 비어 바 더 어퍼 립 The Upper Lip은 좀 더 여유롭게 즐길 수 있는 공간이다.

Baerlic Brewing

베어릭 브루잉

2235 SE 11th Ave.
baerlicbrewing.com

최근에 열린 오리건 비어 시상식에서 맥주를 선보인 후, 이곳을 찾는 손님들이 부쩍 늘었다. 고대 영어로 '보리'를 뜻하는 베어릭은 전통적인 맥주도 판매하고, 맥주 제조법의 범위를 뛰어넘는 독특한 맥주도 선보인다. 안주거리가 많지 않은 대신, 다른 곳에서 가져온 음식을 먹을 수 있다.

Shift Drinks

시프트 드링크스

1200 SW Morrison St.
shiftdrinkspdx.com

바 앤젤 페이스Angel Face와 멀트노마 위스키 라이브러리Multnomah Whiskey Library 출신의 알리즈 모파트Alise Moffatt, 출중한 소믈리에인 안토니 가르시아Anthony Garcia가 만나 오픈한 바. 칵테일, 와인, 비어, 글루텐 프리 사이더와 사케까지 맛볼 수 있는 공간으로 퇴근 시간이면 벽에 휴대폰을 꽂고 화면을 들여다보는 직장인들이, 늦은 밤이 되면 본격적으로 바를 즐기려는 술꾼들이 모여든다. 술맛이 강한 칵테일을 선호한다면 싱가푸라Singapura가 좋겠다.

Apex

에이펙스

SE
1216 SE Division St.
apexbar.com

포틀랜드라고 해서 굳이 브루어리만 고집할 필요는 없다. 에이펙스에서는 브루어리가 아니기 때문에 더 다양한 오리건 맥주를 체험할 수 있다. 그날 선정된 50여 개의 신선한 맥주탭으로 채워지는 곳으로 오직 맥주만 판매하니 안주를 곁들이고 싶다면 가까이 위치한 레스토랑에서 음식을 가져가면 된다. 맥주를 좀 마셔본 사람이라면 엘 토로El Toro 맥주 공장에서 양조한 꽤 강한 맛의 에일이 있는지 물어보고 도전해볼 것. 여름에는 광합성과 맥주를 함께 즐기려는 이들로 내부의 서너 배쯤 되는 파디오 공간이 가득차곤 한다.

Belmont Station

벨몬트 스테이션

SE
*4500 SE Stark St.
belmont-station.com*

〈노스웨스트 브루잉 뉴스Northwest Brewing News〉가 선정한 '오리건 최고의 비어 스토어', 〈드래프트 매거진Draft Magazine〉이 선정한 '미국 최고의 비어 바 100' 등 화려한 수상경력을 자랑하는 곳. 1천 개가 넘는 병맥주를 파는 숍 옆에는 20개의 생맥주 탭을 지닌 바가, 오랫동안 벨몬트를 지켜온 '술박사' 바텐더들까지 있으니, 수줍어하지 말고 조언을 구할 것. 안주를 판매하지 않으니 가게 뒤편의 더 몽크즈 델리 카트The Monk's Deli Cart에서 필리 샌드위치를 가져와 먹어도 좋다.

10 Barrel Brewing
텐 배럴 브루잉

1411 NW Flanders St.
10barrel.com/pub/portland

서울에서 온 친구들과 다운타운에서 만날 때, 캐주얼하게 맥주 한 잔 하며 식사를 하고 싶을 때, 어김없이 찾게 되는 곳이다. 주로 다운타운에 숙소를 잡는 그들이 걸어올 수 있는 거리에 있고, 맛있는 맥주와 음식, 모던한 인테리어, 여름에 오픈하는 2층 파티오가 더해져 여행자가 원하는 '힙'과 포틀랜드스러움을 모두 만족시켜주기 때문이다. 오리건주에 네 개의 매장을 두고 있는데 그중 하나가 펄디스트릿 부근에 위치한다. 대기 시간이 길어진다면 뻥 뚫린 벽과 맥주 탭을 마주보는 바에 앉아 에일 맥주로 먼저 목을 축이거나 바로 맞은편 스노우피크 Snow Peak에 들러 쇼핑을 즐기는 것이 팁이다.

Deschutes Brewery Portland Public House

드슈츠 브루어리 포틀랜드 퍼블릭 하우스

NW
210 NW 11th Ave.
deschutesbrewery.com/pubs/portland

1988년 오리건 밴드에서 시작한, 30년의 전통을 지닌 브루어리. 본점을 제외하고 포틀랜드에만 지점을 두고 있다. 이렇게 사업이 잘 되는데도 불구하고 지점을 확장시키지 않는 드슈츠 같은 브랜드가 바로 오늘날의 포틀랜드를 만든 주인공이 아닐까. 오랜 시간이 흐르고 주위에 많은 브루어리가 생겼지만 여전히, 변함없이 사랑받는 곳이다. 클래식한 인테리어와 테이블, 의자 장식품, 많은 단골손님들이 그 시간을 증명한다. 시그니처 맥주도 훌륭하지만, 이색적인 경험을 원한다면 배럴 에이징으로 구현한 아비스Abyss나 이곳의 플래그십 맥주인 블랙 버트 포터Black Butte Porter의 통숙성 버전에 도전해볼 것.

Kask

케스크

1215 SW Alder St.
superbitepdx.com/kask

솔직히 말하자면, 멀트노마 위스키 라이브러리Multnomah Whiskey Library에서 자리가 날 때까지 기다리는 동안 1차로 찾게 되는 곳이다. 멀트노마 위스키 라이브러리 가까이에 위치했다는 것은 케스크의 단점이기도 장점이기도 하다. 잠시 휴식 기간을 거쳐 다시 오픈한 바 케스크의 칵테일 메뉴에는 여전히 반가운 이름도 있고, 처음 접하는 이름도 있다. 예전 메뉴에서 가지고 온 칵테일 중에서는 엘 디아블로El Diablo가 인기다. 테킬라 베이스에 라임, 진저 비어와 크렘 드 카시스Crème de Cassis로 맛을 낸 칵테일이다. 조금 더 경쾌하고, 시원한 메뉴를 맛보고 싶다면, 쉐어커로 차갑게 만드는 프레시맨 피프틴Freshman Fifteen에 도전해보길.

Ex Novo Brewing

엑스 노보 브루잉

2326 N Flint Ave.
exnovobrew.com

'완전히 처음부터 시작해 만든다'는 뜻을 가진 엑스 노보는 비영리 브루어리다. 엑스 노보에서 만드는 수익은 포틀랜더는 물론 전 세계인을 돕는 다양한 사회단체에 기부된다. 하지만 단지 그 이유만으로 유명해지긴 힘들다. 엑스 노보가 유명한 건 무엇보다 맥주와 안주가 맛있기 때문이다. 올해 엑스 노보에서 가장 두각을 드러낸 맥주는 여름에만 나오는 계절 한정 맥주. '선인장이 로또에 당첨됐다'라는 우스꽝스러운 이름을 가진 'Cactus Wins The Lottery'는 베를리너 바이제Berliner Weisse에 부채선인장 열매를 브루잉해, 시큼한 맛을 살린 것이 특징이다. 레스토랑 옥스OX와 가까워 식사 후 가볍게 한잔하러 들러도 좋다.

Multnomah Whiskey Library

멀트노마 위스키 라이브러리

1124 SW Alder St.
mwlpdx.com

포틀랜드를 찾은 적이 없더라도 이름은 한 번쯤 들어봤음직한 유명한 바. 거대한 벽면을 가득 채운, 그 야말로 엄청난 위스키 도서관의 규모에 입이 떡 하고 벌어지는 곳으로 높은 천정과 테이블 위의 녹색 조명, 파이어 플레이스, 벽돌로 쌓은 벽, 이 모든 것이 멀트노마 위스키 라이브러리를 상징하는 키워드다. 포멀한 수트를 차려입은 바텐더들은 거침없이 사다리에 올라타 위스키를 끄집어내는가 하면 책장을 옆으로 스르륵 밀어 안쪽에 진열된 또 다른 위스키병을 꺼내 보인다. 압도적인 위스키 셀렉션은 기본, 포틀랜드에서 나고 자란 재료로 정성스럽게 요리한 음식 메뉴는 이름난 레스토랑과 비교해도 부족함이 없다. 소고기 버거와 립아이, 오리건주 바닷가에서 온 싱싱한 굴까지 준비되어 있어 딱 한 잔만 하고 나오기는 힘든 곳이다.

Doug Fir Loung
더그 퍼 라운지

다. 지하에 위치한 콘서트홀에는 포틀랜드 로컬 뮤지션은 물론, 전 세계에서 온 뮤지션들의 공연이 열리는데 사실, 지난해 발렌타인데이 때 찾았다가 낭패를 본 적이 있다. 공연장을 찾기 전 아티스트 검색은 필수.

SE
830 E Burnside St.
dougfirlounge.com

주피텔 호텔 Jupiter Hotel 옆에 자리 잡은 바. 낮은 조명과 모던한 오두막집을 떠올리게 하는 인테리어가 특징이다. 호텔 옆에 위치해 혼자서 바 자리에 앉아 늦은 시간의 위스키, 와인을 즐기는 손님들이 많

Teardrop Lounge
티어드롭 라운지

테일이 특히 유명한데, 그 중에는 아페리티브 Aperitif, 드라이 큐라소 Dry Curacao와 로즈마리로 맛을 낸 그랜드 아미 Grand Armée, 비 로컬 Bee Local 꿀로 맛을 낸 히트웨이브 Heatwave가 대표 메뉴다. 바 중간에 걸린 위스키 병을 받치고 있는 티어드롭 모양의 설치물이 인상적이다.

1015 NW Everett St.
teardroplounge.com

10년 전 다니엘 슈메이커 Daniel Shoemaker가 펄 디스트릭에 오픈한 이곳은 포틀랜드의 '칵테일 르네상스'를 선두한 바로 꼽힌다. 가게에서 직접 개발한 칵

Upright Brewing

업라이트 브루잉

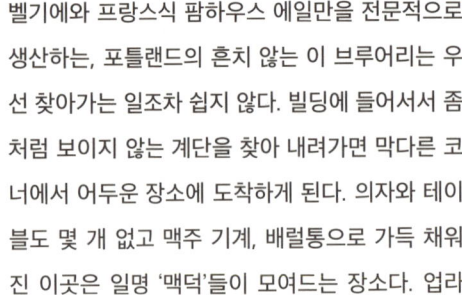

240 N Broadway.
uprightbrewing.com

벨기에와 프랑스식 팜하우스 에일만을 전문적으로 생산하는, 포틀랜드의 흔치 않는 이 브루어리는 우선 찾아가는 일조차 쉽지 않다. 빌딩에 들어서서 좀처럼 보이지 않는 계단을 찾아 내려가면 막다른 코너에서 어두운 장소에 도착하게 된다. 의자와 테이블도 몇 개 없고 맥주 기계, 배럴통으로 가득 채워진 이곳은 일명 '맥덕'들이 모여드는 장소다. 업라이트 브루잉만의 특징은 오픈 발효를 한다는 점인데, 효모가 주는 역할을 최소화해 정통 세종보다 신맛이 나고 피니시를 가볍게 만들어주는 세종을 추구한다. 이들의 필스너는 2015년 〈윌래밋 위클리 Willamette Weekly〉에서 선정한 '최고의 맥주'에 이름을 올렸다.

Expatriate

엑스페이트리어트

NE
5424 NE 30th Ave.
expatriatepdx.com

제임스 비어드 어워드 James Beard Award를 수상한 나오미 포머로이 Naomi Pomeroy의 푸드 바로 알려져 있다. 맛과 기본에 충실한, 셰프들이 퇴근하고 즐겨 먹을 법한 진솔한 간식거리를 내놓는 것이 그녀의 특기다. 주류 메뉴는 나오미의 남편이자 바텐더인 카일 웹스터 Kyle Webster의 작품이다. 코코넛과 럼 베이스의 칵테일인 폴스 플래그 False Flag는 파인애플이 무수하게 새겨진 허리케인 모양의 잔에 담겨 나와 더 매력적이다.

Circa 33

설카 33

SE

3348 SE Belmont St.
circa33.com

조명이 유난히 어두운 이곳에서는 바텐더가 사다리를 타고 올라가 위스키를 꺼내 놓는다. 화장실 옆에는 느닷없이 낡은 책이 꽂힌 책장이 자리 잡았고, 페도라를 쓴 중년 남자들과 젊은 연인들이 자연스럽게 어우러지는 곳이다. 의자만 놓아둔 야외 테라스는 여름 밤을 즐기기에 최적의 장소. 사실 설카가 위치한 벨몬트 거리는 괜찮은 바들이 밀집된 곳이라 그저 걷다가 맘에 드는 곳에 들어가보는 것도 좋은 방법이다.

Pepe le Moko
페페 르 모코

407 SW 10th Ave.
pepelemokopdx.com

이곳의 오너인 제프리 모겐설러^{Jeffrey Morgenthaler}는 레스토랑 & 바 클라이드 커먼^{Clyde Common}의 유명 바텐더 출신으로 잡지 〈플레이 보이^{Play Boy}〉의 바 섹션 칼럼니스트로도 활동하고 있다. 바 이름은 알제리를 배경으로 한 프랑스 영화 〈망향^{Pepe le Moko}〉에서 따왔는데, 그 이유 때문인지 하얀색 셔츠를 입은 바텐더의 모습에서 망향의 배우, 장 가뱅의 젊은 시절의 모습이 겹친다. 페르넷 브랭커^{Fernet Branca}를 더한 더 그래스호퍼^{The Grasshopper}가 인기고 스페셜 안주는 단연 오리건주의 싱싱한 석화다.

Angel Face

앤젤 페이스

NE
14 NE 28th Ave.
angelfaceportland.com

뮤지션, 셰프, 작가들이 자주 출몰하는 앤젤 페이스는 다운타운을 벗어난 노스이스트에 자리 잡고 있다. 칵테일 리스트나 스피릿 수는 제한이 있지만 바텐더의 메이킹 실력으로 승부를 보는 바인 만큼 포틀랜드 애주가들의 사랑을 한 몸에 받고 있다. 뭘 마셔야 할지 고민이라면 바텐더를 믿어보는 편이 좋다. "원래 톰 콜린스를 좋아하지만, 오늘은 좀 다른 걸 마셔보고 싶네요."라는 식으로 취향을 보여주되, 새로운 뭔가에 도전하는 것이 좋은 방법이다. 포틀랜드 최고의 바텐더 중 한 명인 켈리 스웬슨Kelly Swenson을 마주보고 있다면 이 정도의 모험은 필요하지 않을까?

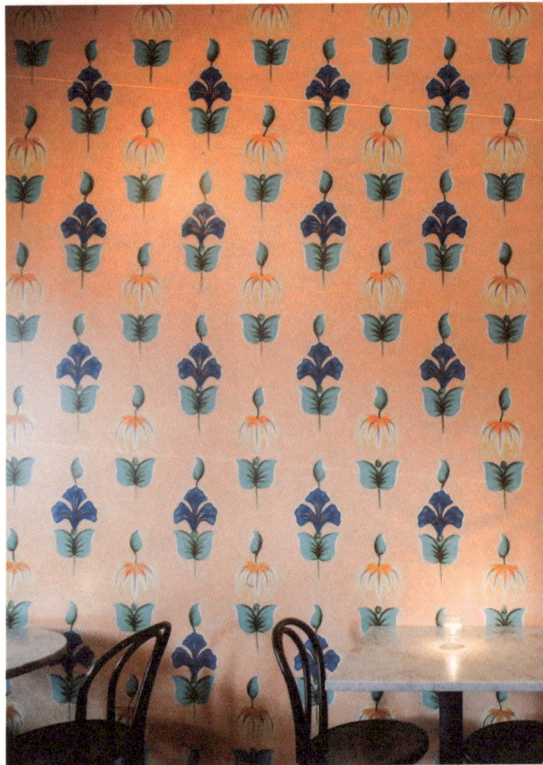

Brewcycle
브루사이클

1425 NW Flanders St.
brewgrouppdx.com

다운타운을 거닐다 보면 한 손에 맥주잔을 들고 열심히 페달을 밟아가며 이동하는 브루사이클을 볼 수 있다. 15명의 승객이 한 번에 올라타 정해진 몇 개의 브루어리를 방문하고 시음하는 투어다. 시내 투어는 물론 브루어리 투어까지 한 번에 할 수 있어 포틀랜드를 찾는 맥덕 여행자들에게 사랑받고 있다. 노스웨스트, 다이브 바, 올드 타운 등 세 가지 루트 중 골라서 선택할 수 있고 여름에는 윌래밋강 위의 보트 위에서 즐기는 브루버지 Brewbarge를 선보인다. 세계 각지에서 모인 여행자들과 자연스럽게 어울리며 칠링할 수 있는 기회.

CHAPTER 4
OREGON TRIP

1   Oregon

끝없이 펼쳐지는 오리건의 대자연

포틀랜드는 창조적인 도시 문화와 풍요로운 자연이 공존하는 도시다. 커피숍, 도서관, 마켓 어디를 가든 커다란 나무를 마주할 수 있고 나무 사이를 지나는 다람쥐, 투명한 호수는 포틀랜드의 힙스터, 높이 올라선 빌딩과 조화롭게 어우러진다. 주말이면 가방을 둘러메고 가까운 강으로 산으로 떠나는 포틀랜더의 삶에서 알 수 있듯, 다운타운을 조금만 벗어나도 오리건의 대자연이 압도적인 모습을 드러낸다. 계절과 날씨, 시간의 변화에 따라 시시각각 다른 얼굴을 드러내 보이는 오리건의 대자연으로 떠나는 날에는 딱히 뭔가를 계획하지 않아도, 비가 온다는 일기 예보를 걱정하지 않아도 좋다. 분명 그 날이기 때문에 가능한 풍경이 펼쳐질 테니 말이다.

Cannon Beach
캐논 비치

오리건주를 감싸는 해안가는 긴 도로 하나로 이어져 있다. '퍼시픽 코스트 시닉 바이웨이Pacific Coast Scenic Byway'라 불리는 이 해안도로를 달리다 보면 차에서 내려서 그 풍경을 바라봐야 할 몇 개의 장소가 나오는데 그 중 가장 인기 있는 장소가 헤이스텍록Haystack Rock이 위치한 캐논 비치다. 언뜻 보면 흔한 바다 마을 같지만, 생각보다 볼거리가 많은 곳이다. 갤러리와 극장, 공연장도 있고, 여름에는 모래성 짓기 대회, 겨울에는 등잔불에 불을 붙이는 이벤트 등 크고 작은 축제가 열린다. 뜨거운 유리에 금속 관을 잇고, 그 안에 바람을 불어넣어 세상에 하나뿐인 유리를 만들어내는 유리 공예가들의 작업실도 구경할 수 있다.

캐논 비치를 찾았다면 차로 7분 거리인 북쪽 마을, 에콜라 스테이트 파크Ecola State Park도 들러야 한다. 피크닉 명소로 꼽히는 데다 근처 해안가에서 승마를 하는 곳으로도 유명하다. 캐논 비치의 아름다운 전경을 한눈에 내려다볼 수 있고 멋진 트래킹 코스까지 마련되어 있다.

브런치는 레이지 수잔 카페Lazy Susan Café, 맥주는 펠리칸 브루잉Pellican Brewing이 좋겠다. 인섬니아 커피Insomnia Coffee와 벨라 에스프레소Bella Espresso의 커피도 빠지면 서운하다.

Hallmark Resort & Spa
홀마크 리조트 앤 스파

1400 S Hemlock St, Cannon Beach.
hallmarkinns.com/cannon-beach

캐논 비치의 헤이스텍 록 바로 앞에 위치한 호텔. 아름다운 바다와 바닷가를 산책하는 사람들, 부드러운 모래, 등대와 바위를 테라스에서 원없이 바라볼 수 있다. 바다로 내려갈 수 있는 전용 계단과 숙박객 모두가 이용할 수 있는 공용 테라스도 마련되어 있다. 겨울, 굳이 또 이곳을 찾는 이유는 수영과 온천을 함께 즐길 수 있는 실내 수영장을 갖추고 있기 때문이다. 큰 창으로 햇빛이 쏟아지는 수영장에서 자쿠지에 몸을 담그고 겨울 낭만을 즐기기 그만이다.

Astoria

아스토리아

콜롬비아강과 태평양이 만나는 아스토리아는 미국의 위대한 두 탐험가 루이스와 클라크가 겨울을 보낸 곳이기도 하다. 기다랗게 늘어진 다운타운 지역을 걷다 보면 빈티지와 골동품 상점들에 시선을 빼앗기기 일쑤지만, 그래도 점심시간은 맞춰 찾는 편이 좋다. 그날 잡은 생선으로 요리를 하는 식당들은 재료가 떨어지면 문을 일찍 닫기 때문이다.

아스토리아 선데이 마켓이 열리는 일요일 이곳을 찾으면 꽃, 생선, 칼, 옷 등 장르를 망라한 테이블이 펼쳐지는 모습을 볼 수 있다. 한쪽에는 점심을 해결할 수 있는 푸드 카트가 마련되어 있는데 크랩살로 만든 빈대떡과 석화가 특히 인기다. 그러나 가장 사랑하는 곳을 꼽자면 역시 부이 비어 컴퍼니Buoy Beer Company다. 언제나 만석이라 긴 대기시간을 거쳐야 하는데 바에서 맥주를 가져와 바다를 바라보고 있으면 기다리는 시간이 결코 지루하게 느껴지지 않는다. 브루어리 내부도 커다란 창밖으로 펼쳐지는 그림 같은 바다 풍경 때문에 그 어떠한 호텔뷰도 부럽지 않을 정도다. 한쪽에는 유리로 된 바닥이 자리 잡고 있는데 그걸 그냥 지나쳐서는 안 된다. 낮잠에 빠져있는 바다사자의 사랑스러운 모습을 아주 가까이서 지켜볼 수 있기 때문이다. 보트로 만든 푸드 카트 보우피커Bowpicker의 긴 줄을 기다리는 건 지루한 일이지만 그들의 피시앤칩스는 기다려 먹을 만한 충분한 가치가 있다.

Commodore Hotel Astoria
코모도어 호텔 아스토리아

 Where to stay

258 14th St, Astoria.
commodoreastoria.com

아스토리아엔 호텔이 꽤 많은 편이지만 늘 이곳으로 간다. 아스토리아의 '에이스 호텔' 같은 느낌이랄까? 로비에 달린 빨간 줄이 늘어진 조명, 턴테이블과 LP, 1층에 위치한 커피숍(비록 스텀프타운 커피는 아니지만)이 에이스 호텔을 떠올리게 한다. 커피는 물론 식사를 할 수 있는 레스토랑이 1층에 마련되어 있어 편리하고 가까이에 귀여운 숍들이 옹기종기 모여있어 쇼핑을 즐기기에도 좋다. 룸은 아담한 편이지만 10만 원이 조금 넘는 가격을 생각하면 훌륭하게 느껴지기까지 한다. 1층 로비에 앉아 책장에 꽂힌 책 한 권을 꺼내 읽으며 불을 쬐고 있으면 시골 호텔의 낭만이 최대치에 도달한다.

Mt. Hood National Forest

마운트 후드 내셔널 포레스트

포틀랜드 어디를 가나 저 멀리 보이는 설산. 그 주인공이 바로 후드산이다. 이름이 있는 빙하 지역만 12곳을 소유하고 있으며, 녹음이 아름다운 숲으로 울창하게 우거져 있다. 특히 겨울은 '후드산 정복'을 목표로 삼은 모험가들과 스키를 즐기러 온 스키광들로 붐빈다. 여름에도 눈으로 뒤덮여 있는 만큼, 오리건주는 물론 이웃 워싱턴, 미국 전역에서 스키와 보드를 좀 탄다는 이들이 1년 내내 찾는 곳이다. 후드산에는 팀버라인Timberline, 후드산 미도우, 스키볼Ski Bowl, 쿠퍼 스퍼Cooper Spur 등 6개의 스키장이 있는데 그중에서도 팀버라인 스키장은 가장 높은 수직 지형을 자랑한다. 스키뿐 아니라 마운틴 바이킹, 스노우 슈잉, 캠핑을 즐길 수 있으며 스키와 보드를 즐기지 않는 이들도, 심지어 이 모든 액티비티에 관심없는 이들이라도 문제될 것이 없다. 팀버라인 로지 앤 스키 에어리어Timberline Lodge and Ski Area의 레스토랑 창가에 앉아 꾸벅꾸벅 졸면서 책을 읽거나, 화로 옆에서 불을 쬐며 맥주를 마시거나, 레스토랑의 메뉴를 종류별로 먹어보는 것도 이곳을 즐기는 좋은 방법이니까.

Timberline Lodge & Ski Area
팀버라인 로지 앤 스키 에어리어

27500 E Timberline Road, Government Camp.
timberlinelodge.com

1930년 설립된 이곳은 전 대통령 프랭클린 루스벨트 Franklin Roosevelt가 직접 헌정한 건축물로 유명하다. 미국 역사기념물로 지정되었지만, 숙박이 가능하고 특히 이곳의 레스토랑은 오리건의 가장 아름다운 레스토랑 중 하나로 꼽힐 만큼 유명하다. 눈이 오면 눈이 오는 대로, 맑은 날은 또 맑은 대로 최고의 뷰를 보여주기 때문이다. 모스코뮬을 한 잔 주문하고 야외 창가에 앉아있으면 그 풍경을 두고 자리를 떠나기란 여간 힘든 일이 아니다. 총 여섯 면으로 이뤄진 3층 높이의 벽난로는 오두막 전체를 둘러싸며 정겨운 풍경을 만들어낸다. 겨울이면 숙박객들이 객실에서 나와 이 벽난로를 중심으로 사이좋게 모여 앉는 식이다. 야외 온천과 수영장은 팀버라인 로지를 즐기는 데 있어 빠뜨릴 수 없는 즐거움이다.

Hood River
Water Front
Park

후드 리버 워터 프론트 파크

후드 리버 워터 프론트 파크는 콜롬비아강 협곡 영역에 포함되지만 따로 설명할 필요가 있다. 바람이 세게 부는 곳이라 카이트 보더들이 모여드는 이 공원은 여름 피크닉 장소로 그만이다. 잔디밭에 담요를 깔고 광합성을 하다 보면 카이트 보더들과 패들 보더들이 하나둘씩 강 안으로 들어가는 모습이 보인다. 바람에 날아갈 듯 날아가지 않는 보더들이 강을 휘젓고 다니는 모습을 구경하다 보면 거짓말처럼 시간이 훌쩍 가버린다. 카이트 보드를 타는 것도 좋고 패들 보드를 저어봐도 좋고 그저 따뜻한 햇살을 받으며 앉아있다가 잠이 오면 한숨 자고 일어나는 것도 좋다. 그러다 허기가 지면 반사적으로 찾게 되는 곳이 바로 프라임 패밀리 브루어즈 pFriem Family Brewers다. 노스웨스트와 벨기에 맥주에서 영감을 받은 맥주와 음식을 선보이는 곳으로 주말이면 대기 시간이 좀 길다는 게 흠이긴 하지만 늘 만족스러운 식사로 보답한다. 버거, 맥앤치즈 등 일반적인 브루어리 메뉴는 물론 비건을 위한 보울, 샐러드 메뉴 등 건강식도 다양하다.

Columbia Gorge Hotel
콜롬비아 조지 호텔

4000 Westcliff Dr, Hood River.
columbiagorgehotel.com

후드 리버 워트 프론트 파크에서 20여 분 떨어져 있지만 숙소는 콜롬비아 조지 호텔이 좋겠다. 펜시하거나 화려하지는 않지만 1921년 오리건의 유명 건축가인 사이먼 벤슨Simon Benson이 설계한 곳이라는 이유만으로 경험할 가치가 있다. 강을 내려다보는 풍경, 가을이면 알록달록 물드는 단풍이 유난히 아름다운 곳으로 웨딩 장소로도 인기다. 시골 호텔의 아기자기하고 정겨운 풍경을 경험하고 싶은 이들에게 추천한다.

Lost Lake

로스트 레이크

오리건주 어디에서든, 심지어 한여름에도 저 멀리 눈 덮인 산봉우리를 발견할 수 있는데 그게 바로 그 이름도 유명한 후드산이다. 3,426m의 웅장한 높이에 오리건주 최고의 스키장과 자연보호구역, 아름답기로 유명한 로스트 레이크까지 공존하는 곳이다. 이곳을 즐기는 팁 하나, 리조트의 매점에서 온갖 간식거리를 골라 강가로 간다. 둘, 강 바로 앞에 위치한, 큰 나무들이 꽤 비밀스러운 공간을 만들어주는 테이블에 자리 잡고 미리 준비해온 와인을 꺼내 마신다(매점 와인 리스트를 믿지 말고 챙겨서 갈 것, 날이 쌀쌀할 땐 뱅쇼를 준비해가면 좋다). 셋, 해가 질 무렵 카약을 타고 강 깊숙이 들어가 본다. 후드산의 설경을 향해 천천히 노를 저으면서 말이다. 마침 해가 지고 하늘의 색이 바뀌기 시작하면 더 이상 노를 젓지 않아도 좋다. 앞으로 30분 동안 오리건 최고의 풍경을 감상할 수 있을 테니까.

Lost Lake Resort & Campground
로스트 레이크 리조트 앤 캠프그라운드

Where to stay

9000 Lost Lake Rd, Hood River.
lostlakeresort.org

후드산에는 많은 캠핑 그라운드가 있는데 그중에서도 로스트 레이크 리조트 앤 캠프그라운드의 인기는 대단하다. 산장 속 작은 캐빈은 여느 곳의 캐빈보다 깨끗하고 편의 시설을 잘 갖춘 편이라 주말에 이용하려면 적어도 6개월 전에 예약해야 한다. RV 이용자와 텐트족 역시 미리 스폿을 예약해야 하지만 캐빈에 비해서는 경쟁률이 낮은 편. 공용 샤워실과 화장실이 마련되어 있어 불편함 없이 캠핑을 즐길 수 있다. 비가 오면 비가 오는 대로, 구름이 잔뜩 낀 날은 또 그대로의 운치가 있다.

Crater Lake National Park

크레이터 레이크 내셔널 파크

1902년에 국립공원으로 지정된 크레이터 레이크는 오리건을 대표하는 또 하나의 이름으로 마마마 산이 폭발해서 생긴 신비로운 칼데라호가 그 아름다움의 중심에 있다. 스노우 슈잉과 노르딕 스키를 즐기는 모험가들은 폭설이 내린 후에도 칼데라림(화산 가까운 지역에서 원형으로 음폭 패인 지형의 가장자리)과 주변 산기슭을 탐험하며 발자취를 남긴다. 캠퍼들도 마찬가지다. 이들은 48km가 넘는 호수의 가장자리를 따라 새로운 길을 개척하며, 날이 어두워지면 텐트를 펴고 다음 날 여정을 이어간다. 날씨가 좋은 날에는 크고 작은 폭포들, 기생화산도 똑똑히 보인다. 포트 클래머스 Fort Klamath 쪽에서 진입하면 성목으로 우거진 폰더로사 소나무 산림 Ponderosa Pine Forest이 등장한다. 오리건주에서 절경을 자랑하는 숲으로 이름난 이곳은 국립 야생동물 보호구역이기도 하다. 운이 좋으면 내셔널 지오그래픽에서만 보아오던 야생동물을 직접 목격할지도.

Crater Lake Lodge
크레이터 레이크 로지

Where to stay

565 Rim Dr, Klamath Falls.
craterlakelodges.com

크레이터 레이크 국립공원은 그야말로 '풀서비스'를 제공하는 국립공원으로 유명하다. 공원 내에 숙박이 가능한 로지는 1915년 오픈한 역사적인 건물로 1995년 대규모 리노베이션을 통해 편리함을 더했다. 테라스에 앉아 칼데라 호의 풍경을 한눈에 내려다볼 수 있으니 힘들게 움직이기 않고 그저 쉬다 가고 싶은 이들에게 좋은 장소다. 호수 표면은 눈을 의심할 정도로 진한 파란빛을 띠고 한여름에도 녹지 않는 눈이 여기저기 쌓여있어 누구라도 이곳에서는 작품 사진 하나쯤 건져갈 수 있다.

Clear Lake

클리어 레이크

반짝이는 호수, 숲, 캐스케이드 산맥의 아름다움이 만나는 곳에 클리어 레이크가 있다. 이 호수는 약 3천 년 전 모래산에서 흘러내린 용암으로 만들어졌다. 용암은 호수의 남쪽 끝에 천연 댐을 만들었고 물이 천천히 채워지면서 여전히 물 아래에 많은 나무가 남아있다. 물 안이 훤히 들여다보일 정도로 맑은 클리어 레이크는 특히 다이버가 사랑하는 장소로 유명하다. 유난히 찬 수온 때문에 두꺼운 잠수복을 입고 유영하는 다이버를 심심찮게 목격할 수 있다. 자연 깊숙이 자리 잡은 만큼 들어가는 길은 까다로운 편이라 겨울에는 체인이 필수다.

Clear Lake Resort
클리어 레이크 리조트

13000 Highway 20 Sisters.
linnparks.com/parks/clear-lake-resort

2명에서 최대 8명까지 숙박할 수 있는 캐빈을 제공하며 캠핑, RV 사이트 또한 마련되어 있다. 겨울에는 크로스 컨트리 스키, 근처 후두 Hoodoo에서 스키, 썰매, 스노우 보딩 등 겨울 스포츠를 즐기기 좋고 여름에는 아름다운 맥켄지 패스 샌티엄 패스 시닉 바이웨이 McKenzie Pass-Santiam Pass Scenic Byway를 따라 드라이브를 나서거나 래프팅, 보트, 낚시 등을 즐기기 좋다. 리조트 한쪽에 자리한 작은 매점에서 간단한 식사가 가능하다.

Columbia River Gorge & Multnomah Falls

콜롬비아 리버 조지 앤 멀트노마 폭포

수천 년을 거듭하며 바위를 관통한 물이 만든 콜롬비아강 협곡은 오리건주와 워싱턴주를 나누는 거대한 협곡이다. 도시에서 조금만 벗어나도 협곡 곳곳에 위치한 뷰포인트에 닿을 수 있어, 주말에 자동차 여행을 떠나기 좋은 곳이다. 포틀랜드에서 가장 가까운 뷰포인트는 강 위로 높이 솟은 크라운 포인트 Crown Point에 세워진 비스타 하우스 Vista House. 1918년 독일의 아르누보 건축 양식으로 지어진 이곳은 세심한 보존 작업을 거쳐, 2006년 다시 예전의 모습을 되찾았다. 이곳에서 조금 더 동쪽으로 가면 높이 189m를 뽐내는 멀트노마 폭포가 나온다. 많은 관광객이 폭포 앞에서 인증샷만 찍고 돌아가는 반면 오리거니안들은 폭포 안으로 들어가 오네온타 협곡 Oneonta Gorge을 탐험하고 아름다운 트래킹 코스를 산책하는 식이다. 그러나 불행히도, 지난해 8월 콜롬비아강 협곡에 큰 불이 나 현재(2018년 3월) 많은 트래킹 코스가 문을 닫은 상태이고 오픈 날짜는 미정이다.

Sauvie Island Beach
소비 아일랜드 비치

가까운 거리에서 비치 분위기를 내고 싶다면 소비 아일랜드 비치Sauvie Island Beach가 좋겠다. 포틀랜드 다운타운에서 차로 40분 거리에 위치해 있으니 당일 여행으로 이만한 곳도 없다. 물이 그리 깨끗한 편은 아니지만 늘어져 태닝하고 그러다 더우면 뛰어들기 충분한 장소다. 소비 아일랜드의 절반 가까이 되는 땅은 야생동물 보호구역으로 지정되어 있으며, 250종의 조류와 50여 종의 포유동물, 30여 종의 어류와 양서류가 살고 있어 낚시꾼, 사냥꾼이 모여드는 곳이기도 하다.

이 섬의 또 다른 매력 중 하나는 딸기, 블루베리, 로즈베리 농장이 가득하다는 것이다. 그중에서도 추천하는 곳은 크루거스 팜 마켓Kruger's Farm Market이다. 주말에는 외부의 셰프들이 들어와서 가벼운 점심 식사를 판매하는데 그중에서도 포크 샌드위치가 맛있다. 맥주 한 잔을 함께 주문해 농장이 한눈에 보이는 테이블에 앉아 식사를 마친 후에는 유픽을 하거나 마켓에서 판매하는 신선한 과일과 채소를 쇼핑하면 된다. 특히 6월 말부터 8월 초까지 매주 목요일 저녁, 농장에서 콘서트가 열리는데 아이 어른 할 것 없이 한바탕 춤판이 벌어진다(콘서트 관람료는 없고 차 한 대당 주차비 15불을 받는다). 콜롬비아 팜스 유픽Columbia Farms U-pick도 인기인데 해마다 수확시기가 달라지니 방문 전 홈페이지를 체크해야 한다. 마지막 코스가 남았다. 돌아오는 길, 소비 아일랜드 라벤더 팜Lavender Farm에 들리면 단돈 6불에 향기로운 라벤더 꽃을 한아름 품어올 수 있다. 대부분의 농장이 시즌 한정 운영하니 찾기 전 홈페이지를 체크할 것.

The Willamette Valley & Eugene

더 윌래밋 밸리 앤 유진

윌래밋 밸리에서 남쪽으로 가면 유진시가 나온다. 대학교 캠퍼스가 자리한 이 도시는 오리건주의 자전거 수도로 알려져 있으며, 나이키의 첫 번째 본사가 있었던 곳이다. 나이키는 오리건주립대학교 University of Oregon 소유의 헤이워드 필드 Hayward Field에 첫 뿌리를 내렸으며, 이곳 운동장에는 공동 창업자인 빌 바워맨 Bill Bowerman의 동상이 세워져 있다. 유진에는 피크닉을 하거나, 여유롭게 걷거나, 탐험하기 좋은 두 개의 공원이 있다. 스키너스 버트 Skinner's Butte, 남쪽의 스펜서즈 버트 Spencer's Butte가 그 주인공으로 두 곳 모두 유진 시민들의 사랑을 받고 있다. 포틀랜드로 다시 발을 돌리기 전, 식사는 파티 다운타운 Party Downtown이 좋겠다. 작은 유기농 레스토랑인 이곳은 브라치올라와 보리 리조또가 특히 유명하다. 집으로 돌아가는 길 또한 여행의 연장선이다. 인터스테이트5 고속도로 너머로 보이는 들판이 오리건주에서 가장 뛰어난 땅이라 불리는 윌래밋 밸리다.

Painted Hills

페인티드 힐스

페인티드 힐스는 비바람에 침식되어 노랗고 붉게 물든 화석층으로 국립천연기념물 중 하나다. 우리가 알고 있는 화석층에 비해 아담하고 낮은 편이지만, 멀리서 바라보는 풍경은 설명할 수 없는 감동을 선사한다. 오리건에서는 찾아보기 힘든 이색적인 이 장소를 즐기는 최고의 방법은 바로 트래킹에 나서는 것이다. 4개의 짧은 코스가 있는데 그중에서도 탁 트인 전망 때문에 포토 스폿으로 유명해진 오버룩 트레일, 진홍색 점토암이 양옆으로 펼쳐지는 코브 트레일이 인기다. 페인티드 힐스 안에는 캠핑장이 따로 마련되어 있지 않아 번트 랜치 캠프그라운드$^{Burnt\ Ranch\ Campground}$, 프리스트 홀$^{Priest\ Hole}$ 캠핑장을 이용하는 편이다.

Opal Creek Wilderness

오팔 크릭 윌더니스

오팔 크릭에는 'Three Pools'라 불리는 세 개의 풀장이 있다. 노출된 현무암 벽이 감싸는 에메랄드 빛 개울은 주민들이 가장 아끼는 자연 수영장이자, 절벽 다이빙 명소로 통한다. 속이 훤히 들여다보이는 이 천연 수영장의 물은 여름에도 꽤 차가운 편이라 제대로 수영을 즐기고 싶다면 7월 말에서 9월 초 사이 방문해야 한다. 1년 내내 열려있지만 해가 떠 있을 때만 운영되기 때문에, 해가 긴 여름에 가장 붐비고 태닝과 수영을 위해 찾는 젊은 여행객이 많다. 캠핑장은 자리가 금방 차기 때문에 주말을 보낼 계획이라면 금요일 아침 일찍 출발하는 편이 좋겠다. 가까이 위치한 셰이디 코브 캠핑장Shady Cove Campground과 엘크혼 밸리 캠핑장Elkhorn Valley Campground 모두 현장 예약만 가능하다.

강과 시냇물에서 낚시를 하는 건 불법이지만, 가까이 디트로이트 레이크Detroit Lake에서는 1년 내내 낚시가 허용된다. 압도적인 크기 덕분에 요트족으로 성황을 이루는데, 높은 곳에 올라 바라보는 것만으로 속이 확 뚫릴 만큼 장관을 이룬다.

2 Park

도시를 둘러싼 포틀랜드의 공원

포틀랜드는 작은 도시 규모에 비해 많은 공원을 가지고 있다. 덕분에 굳이 멀리까지 나가지 않아도 도시 안에서 완벽하게 자연에 둘러싸여 있는 느낌을 받게 된다. 윌래밋 강변의 산책로를 걷는 사람들, 포레스트 공원의 트레일을 달리는 사람들은 도시의 풍경 안에 아름답게 녹아든다. 포틀랜더의 여유로운 라이프를 가까이에서 가장 직접적으로 경험할 수 있는 포틀랜드의 공원들.

Forest Park

포레스트 파크

미국에서 가장 큰 공원이기도 한 포레스트 파크에는 100여 종이 넘는 새와 60여 종이 넘는 동물이 살고 있다. 공원이라기보다는 거대한 숲이라는 수식어가 더 잘 어울릴지도 모르겠다. 트랙이 잘 닦여 있어 걷거나 달리거나 하이킹하거나 사이클을 타기에도 그만. 아침 일찍 스케치북을 들고 와 그림을 그리거나 사진을 찍거나, 그저 벤치에 앉아 피톤치드를 즐기는 이들도 상당수다. 포틀랜드 관광지로 유명한 피톡 맨션으로 가는 길이 이어져 함께 둘러보기 좋다.

Pittock Mansion
피톡 맨션

3229 NW Pittock Dr.
pittockmansion.org

목욕 용품, 찻잔 세트, 악기와 예술 작품까지 그대로 보존되어 있다. 장미를 유독 사랑했고 오늘날 포틀랜드가 '장미의 도시'라는 별명을 갖게 되는데 지대한 역할을 한 피톡의 아내가 꾸며놓은 로즈 정원도 함께 걸어보길. 포틀랜드의 가장 높은 곳에 위치하고 있어 도시의 전망을 한눈에 내려다볼 수 있다.

1914년에 세워진 이곳은 오리건주 최대 발행 부수를 자랑하는 〈오리거니안Oregonian〉 신문의 창립자 헨리 피톡 일가가 3대에 걸쳐 거주했던 건축물이다. 22개의 방이 있는 거대한 3층 건물은 르네상스, 빅토리아 양식이 더해진 인테리어와 가구는 물론

Portland Japanese Garden

포틀랜드 재패니즈 가든

611 SW Kingston Ave.
japanesegarden.org

일본의 정취를 느낄 수 있는 포틀랜드 재패니즈 가든은 포틀랜드의 서쪽 언덕 위에 자리해 있다. 최근 일본 건축가 켄고 쿠마 Kengo Kuma의 건축물이 더해지면서 더 많은 관광객을 불러모으고 있다. 플랫 가든 Flat Garden, 연못가를 따라 걷기 좋은 스트롤링 가든 폰드 Strolling Garden Pond, 티 가든 Tea Garden, 자연의 아름다움을 강조한 내츄럴 가든 Natural Garden, 모래와 돌로 구성된 샌드 앤 스톤 가든 Sand and Stone Garden 등 다섯 개의 정원을 소유하고 있다. 정원을 둘러본 후에는 켄고 쿠마의 건축물 안에 자리한 갤러리와 레스토랑에 들러 운치를 즐길 것.

Mt. Tabor Park
마운트 테이버 파크

큰 화산암으로 이뤄진 공원. 이곳의 가장 큰 무기는 다운타운 포틀랜드의 스카이라인과 웨스트 힐즈가 내려다보이는 탁 트인 전경이다. 시설 또한 훌륭하다. 등산과 자전거 트랙부터 두 개의 저수지, 테니스 코트, 놀이터, 편자 놀이를 할 수 있는 모래장까지 갖추었다. 포틀랜드에서 최고로 꼽히는 애견 전용 공원도 있다.

Cathedral Park
캐시드럴 파크

캐시드럴 파크는 역사적인 건축물로 알려진 세인트 존스 다리Saint Johns Bridge를 올려다보는 독특한 뷰를 자랑한다. 고딕 양식으로 지어진 이 다리는 공원의 상징으로 많은 방문객이 이를 배경으로 인증샷을 남긴다. 여름에는 주말마다 무료 콘서트가 펼쳐진다.

International Rose Test Garden
인터내셔널 로즈 테스트 가든

을 개장했다. 특히 4월부터 10월 사이에 방문하면, 7천 송이의 색색깔의 장미로 뒤덮인 낭만적인 정원을 즐길 수 있다. 주말에는 다양한 이벤트가 펼쳐지며 피크닉 장소로도 그만이다. 입장료가 무료라 더 좋다.

'장미의 도시 City of Roses'라는 향기로운 별명을 지닌 포틀랜드는 오랜 세월 동안 장미를 가꿔왔으며, 1917년에는 미국에서 가장 큰 공공 장미 테스트 공원으로 꼽히는, 인터내셔널 로즈 테스트 가든

Oaks Bottom Wildlife Refuge
오크스 보텀 와일드라이프 레퓨지

경을 감상할 수 있는 곳으로도 유명하다. 빌헬름 기념비 Wilhelm Memorial를 꾸미는, 새를 그린 파란 벽화가 인상적이다.

잦은 범람으로 퇴적층이 쌓여 생겨난 습지대 지역은 1988년도 모터바이크 공원이 될 위기를 넘기고 조류 관찰자의 천국으로 거듭났다. 야생동물 보호구역으로 지정된 이 공원은 아름다운 윌래밋의 전

Portland Park

그 밖의 공원

Sellwood Riverfront Park
셀우드 리버프론트 파크

윌래밋과 스프링워터 코리더Springwater Corridor 사이에 자리한 기다란 해변은 강아지들이 자유롭게 뛰어놀 수 있는 오프 리쉬 파크Off Leash Park와 부둣가로 이어진다. 덕분에 애견과 함께 여유로운 일상을 즐기는 포틀랜더가 모여드는 곳이기도 하다.

Westmoreland City Park
웨스트모어랜드 시티 파크

최근 보수 작업을 거치면서, '자연 놀이터Nature Based Play Area'로 탄생했다. 이곳의 명물인 크리스탈 스프링스 크리크는 본래의 아름다운 개울의 모습을 되찾았고, 근처의 습지대는 야생 동물들의 안식처가 되었다.

Laurelhurst Park
로렐허스트 파크

연못, 다양한 종류의 나무, 러닝 트랙까지 갖추어 주말이면 각자의 목적을 가지고 이곳으로 모여든다. 공원은 오크 스트리트Oak Street를 기준으로 두 부분으로 나뉘는데, 북쪽은 숲으로 우거져 있고 남쪽은 테니스 코트, 농구장, 놀이터와 축구장이 자리 잡았다. 더글라스 퍼Douglas Fir라 불리는 거대한 북아메리카 소나무와 세쿼이아는 가슴마저 탁 트이게 한다.

Sellwood Park & Sellwood Community Pool
셀우드 파크 앤 셀우드 커뮤니티 풀

높은 소나무로 우거진 숲이 매력적인 이 공원은 무더운 여름에 한숨을 돌릴 수 있는 시원한 그늘을 선물한다. 나무로 뒤덮인 절벽 위에 위치한 수영장의 이용료는 4달러 25센트. 더운 여름, 시원한 하루를 나는데 이보다 합리적인 장소도 없다.

3   Winery

로컬이 사랑하는 오리건의 와이너리

와이너리가 모여있는 얌힐 카운티Yamhill County에 그 많은 나무만큼이나 흔한 건, 고속도로에 즐비한 와이너리 간판이다. 흔히 미국의 와인이라 하면 캘리포니아를 떠올리겠지만 적어도 '피노 누아Pinot Noir'에 있어 둘째가라면 서러운 곳이 바로 오리건이다. 245만 평에 이르는 땅에 포도를 키우고 재배하는 와이너리가 400개가 넘는 만큼 한 곳만 콕 집어 고르기는 힘들지만 현지인들이 사랑하는 와이너리는 따로 있다는 사실. 미리 알려두지만 캘리포니아의 화려한 와이너리를 기대하지 말 것. 이곳은 모든 것이 그러하듯 멋을 부리지 않거나, 제멋대로 부리는 게 매력이니까.

Sokol Blosser
소콜 블라서

*5000 Sokol Blosser Lane, Dundee.
sokolblosser.com*

오리건에서 가장 오랜 역사를 자랑하는 소콜 블라서 와이너리는 1977년도에 문을 열었다. 던디 힐즈의 아래쪽에 자리해 여기서 소개하는 다른 와이너리에 비해 내려다보는 뷰가 부족한 대신 언덕 위로 올려다보는 뷰가 그 부족함을 채워준다. 테이스팅 룸의 한 창문은 후드산을 보여주기 위해 설계했는데, 이 창문으로 보이는 산은 마치 하나의 정물화 같다.

Stoller Family Estate

스톨러 패밀리 에스테이트

16161 NE McDougall Rd, Dayton.
stollerfamilyestate.com

1943년에 지어진, 오리건 던디 힐즈에서 가장 큰 이 포도원은 1993년에 빌 스톨러^{Bill Stoller}에 의해 현재의 모습을 갖게 되었다. 지속가능한 재배법, 환경 친화적 와이너리로 세계 LEED 골드 인증을 받은 곳이기도 하다. 야외에 나란히 자리 잡은 하얀 의자에 앉아 끝없이 펼쳐지는 뷰를 감상해보길. 멀리 한 그루의 나무와 거기에 매달린 타이어 그네가 보이는데 하얀 의자에서는 보이지 않던 새로운 풍경을 만날 수 있다.

Ruby Vineyard & Winery
루비 빈야드 앤 와이너리

30088 SW Egger Rd, Hillsboro,
rubyvineyard.com

작고 아담한 규모의 진정한 로컬 와이너리를 경험하고 싶다면 루비 빈야드를 추천하고 싶다. 스톨러와 폰지가 관광객들이 모여드는 와이너리라면 루비는 오직 로컬들에 의한, 로컬들을 위한 와이너리라 할 수 있다. 지난해 오너의 딸이 와이너리에서 결혼식을 올렸는데 그 모습 또한 얼마나 아름다웠는지 모른다. 피노 그리스, 피노 그리스 로제, 샤도네이, 디저트 와인을 생산하는데 역시 메인은 피노 누아다. 여느 와이너리에 비해 조용하게 즐길 수 있다는 점, 합리적인 테이스팅 가격 또한 매력적이다.

Ponzi Winery
폰지 와이너리

19500 SW Mountain Home Rd, Sherwood.
ponziwines.com

폰지 가족에 의해 1970년에 설립된 와이너리로 포틀랜드에 가까이 위치해 관광객들이 가장 자주 찾는 와이너리 중 하나다. 세계적으로 유명한 피노 누아, 샤도네이, 피노 그리스, 피노 블랑, 드라이 리즐링 및 희귀한 이탈리아 품종 인 아르네이스와 돌체토를 생산하는 곳으로 북서쪽 체할렘산Mt.Chehalem 경사면 꼭대기에 위치해 야외 테라스의 전경 또한 아름답다. 미리 예약하면 개인적으로 와이너리 투어를 즐길 수 있다.

Árdíri Winery & Vineyards
에얼데리 와이너리 앤 빈야드

35040 SW Unger Road, Cornelius.
ardiriwine.com

들이 말발굽의 굽은 날, 그러니까 북쪽과 남쪽을 도드라지게 하고, 서쪽의 가장자리는 풀로 덮인 언덕이 모양을 다듬는 식이다. 말발굽의 동쪽 모서리는 우거진 포도덩굴이 감싸 안고 덩굴 너머 하얀 눈으로 덮인 후드산이 그림 같은 풍경의 정점을 찍는다. 겨울은 정원용 화덕 앞이 가장 로맨틱하다.

워싱턴 카운티의 코넬리우스에 자리한 에얼데리 와이너리 역시 체할렘산의 북쪽에 있어, 멀리서 보면 완벽한 말발굽의 모양을 그린다. 산의 우거진 나무

Domaine Serene
도멘 서린

6555 NE Hilltop Lane, Dayton.
domaineserene.com

행하여 농축된 포도 원액를 얻고, 보르도에서 만든 부르고뉴 용 오크를 주로 사용하며 병입 후 18개월을 숙성시킨 뒤 판매하고 있다. 오리건의 주요 와인 이벤트는 주로 도멘 서린에서 열린다. 지난번에 이곳을 찾았을 때는 오리건 피노 캠프 행사가 열리고 있었는데, 미국에 내로라하는 400여 명의 소믈리에가 모인 덕분에 꽤 재미있는 구경을 할 수 있었다.

토스카나의 작은 성을 연상시키는 와이너리. 언덕 위에 위치한 테이스팅룸과 숙박 시설은 던디 레드 힐즈의 서쪽 뷰를 내다본다. 최고의 와인을 만들기 위해 포도가 자라는 것을 억제하는 과정을 3회 시

4 Stay

느리게 흐르는 시간, 포틀랜드의 숙소

어떠한 숙소를 선택하느냐는 여행의 온도를 결정하는 데 중요한 역할을 한다. 100년이 넘은 전통을 지닌 호텔, 조금은 촌스럽지만 그래서 더 포틀랜드스러운 호텔, 이제 막 생겨난 모던한 호텔과 포틀랜더가 제공하는 에어비앤비까지 다양한 생김새와 가치관을 지닌 포틀랜드의 숙소들.

Ace Hotel
에이스 호텔

1022 SW Stark St.
acehotel.com

포틀랜드 지점은 에이스 호텔의 두 번째 지점이지만 많은 사람들의 인식 속에 '포틀랜드=에이스 호텔'의 공식이 자리 잡고 있다. 그만큼 포틀랜드를 대표하는 브랜드이자 랜드마크라는 설명일 수 있다. 뮤지션, 아티스트 여행자를 위한 숙소를 만드는 것이 에이스 호텔의 시작이었지만 더 이상 이곳은 예술가들만을 위한 호텔이 아니다. 심지어 에이스 호텔에 묵지 않더라도 이곳에 찾아오고 사진을 찍어간다. 비록 객실의 몇몇 시설이 노후하여도 이에 대한 수고로움을 감수하고 다시 이곳을 찾는다. 작은 불편함을 거뜬히 뛰어넘을 수 있는 브랜드의 가치, 그게 바로 포틀랜드 에이스 호텔이 가지고 있는 힘이다.

Tiny House Hotel

타이니 하우스 호텔

NE
5009 NE 11th Ave.
tinyhousehotel.com

공간까지 구비했다. 작은 규모이지만 샤워 시설, 주방, 화장실 등 모든 것이 완비되어 있고 알버타 거리에 위치한 만큼 근처에 푸드 카트, 커피숍, 레스토랑이 즐비해 이곳에 머무는 동안에는 알버타 주민으로서의 라이프를 최대치로 즐길 수 있다. 여름에는 뮤지션을 불러 공연을 하는데 숙박객은 무료로 관람할 수 있다.

뭔가에 얽매이지 않고 자유롭게 이동할 수 있고 구매비용, 유지비용도 저렴한 카라반의 인기는 포틀랜드에서 유난하다. 120~170스퀘어피트의 작은 공간을 둔 6대의 카라반을 숙소로 활용하는 타이니 호텔은 숙박객이 함께 어울릴 수 있는 공용 파이어

Hi-Lo Hotel
하이 로 호텔

SW
320 SW Stark St.
hi-lo-hotel.com

2017년 6월에 개장한 최신 호텔. 'Hi-Lo'란 이름에 걸맞게 세련되면서도 날것의 자연스러움이 잘 어우러지는 것이 매력이다. 매끄러운 대리석과 윤이 나는 소가죽으로 한껏 화려한 시설을 자랑하면서도 한쪽에는 목재와 노출 콘크리트를 사용해 과하지 않게 균형을 맞추는 식이다. 객실마다 너른 창이 있어 훌륭한 채광을 받을 수 있다는 것도 장점이다.

Hyatt House Portland
하얏트 하우스 포틀랜드

2080 SW River Drive.
portlanddowntown.house.hyatt.com

'H 바'는 물론 아이들을 위해 키즈 클럽을 제공한다. 또한 실내 수영장이 있어 아침저녁으로 가볍게 운동을 즐길 수 있다. 주중엔 조식이 무료인데 리뷰가 꽤 좋은 편이다.

레지던스 스타일로 주방을 제공하는 객실이 있어, 여행 기간 동안 요리를 만들어 먹을 계획이 있다면 하얏트 하우스가 좋겠다. 24시간 동안 운영되는 스낵바 및 와인과 로컬 맥주, 칵테일을 맛볼 수 있는

The Nines
더 나인스

---

525 SW Morrison St.
thenines.com

치한 야외 레스토랑 어반 파머 Urban Farmer와 최상층에 위치한 디파추어 Departure가 그 주인공으로 퓨전 아시안 메뉴가 메인이다.

다운타운 한가운데 위치한 더 나인스는 포틀랜드 최고의 럭셔리 호텔로 꼽힌다. 루프탑 테라스가 있어 야경을 최대치로 즐길 수 있는 이곳에서는 특히 개성 있는 두 개의 레스토랑이 유명하다. 8층에 위

AC Hotel Portland

AC 호텔 포틀랜드

---

888 SW 3rd Ave.
marriott.com/pdxar

메리어트 계열의 비즈니스 호텔로 젊은 여행자들의 구미를 만족시키는 다양한 편리 시설을 갖추고 있다. 파이오니어 스퀘어 가까이 자리하고 있어 다운타운 어디든 가깝고 걸어서 이동할 수 있다. 모든 룸에서 넷플릭스를 이용할 수 있고 피트니스 시설은 24시간 운영된다. 스페니시 안주를 곁들일 수 있는 근사한 라운지 바를 운영한다.

Benson Hotel

벤슨 호텔

---

309 SW Broadway.
bensonhotel.com

포틀랜드의 건축을 이야기할 때 빠질 수 없는 건축가 사이먼 벤슨 Simon Benson이 만든 호텔이 바로 이곳, 벤슨 호텔이다. 1913년 문을 연 이래 지금까지 미국 전 대통령들과 CEO들이 이곳을 찾았다. 짙은 체리색 목재 패널로 마감한 벽과 천장의 가우디 샹들리에, 암갈색 페르시안 러그를 보고 있으면 역사적인 장소에 와있는 기분이 든다. 호텔의 지속적인 관심과 보살핌 덕분에 100년이 넘은 호텔이지만 불편함 없이 이용할 수 있다.

Hotel Lucia
호텔 루시아

400 SW Broadway.
hotellucia.com

다운타운에 위치한 4성급 부티크 호텔. 모던한 인테리어의 객실, 그 외 공간의 디자인은 모던-빈티지 스타일로 꾸며 볼거리를 더한다. 여러 공원과 미술관, 파월 북스 등 편의 시설이 근처에 자리하고 있어 걸어서 이동할 수 있다. 레스토랑에서는 어린이 메뉴가 제공되고 최대 3명의 어린이까지 침구 추가 없이 무료로 이용할 수 있다.

Kimpton Hotel Monaco Portland
킴톤 호텔 모나코 포틀랜드

506 SW Washington St.
monaco-portland.com

특유의 섬세하고 감성적인 인테리어 덕분에 여성들에게 유난히 인기 있는 호텔. 2년 전 포틀랜드를 찾은 배우 박신혜와 그녀의 친구들도 이 호텔에 묵었다. 킴톤 호텔은 특별한 스파 서비스로도 유명하다. 딥티슈 마사지, 핫스톤 마사지, 스웨덴식 마사지 등의 다양한 마사지 서비스와 트리트먼트 테라피를 제공한다.

Jupiter Hotel

주피터 호텔

800 E. Burnside St.
jupiterhotel.com

드 여행을 추억할 만한 타투를 해주거나 부두 도넛을 제공하거나 여러 페스티벌과 파트너십을 맺고 티켓을 할인해주는 식이다.

레스토랑도, 볼거리도 많은 번사이드에 위치해 다운타운과는 다른 현지 분위기를 체험하기 좋은 곳이다. 실제로 여행자들이 로컬처럼 즐길 수 있기를 바라는 설립자의 의도를 반영해 포틀랜드 지역사회와 함께 하는 다양한 프로그램을 제공한다. 이를테면 포틀랜

McMenamins Kennedy School

맥메나민스 케네디 스쿨

5736 NE 33rd Ave.
mcmenamins.com/kennedy-school

있는 테마로 꾸민 방에서 그때 그 시절을 떠올리며, 잠을 청할 수 있는 곳이 바로 맥메나민스 케네디 스쿨이다. 핫텁도 하고, 영화도 보고, 시가도 피울 수 있으며 뜨끈한 물에 몸을 녹일 수 있는 야외 핫텁의 크기는 꽤 널찍하다.

한 마디로 성인을 겨냥한 놀이공원이랄까. 추억의 장소를 떠올리게 하는 바에서 한 잔을 걸치고, 재미

1 2 3 | 4 5 6

1 가든 오아시스 게스트하우스
2 솔 자이츠 트리하우스
3 어반 가든 스튜디오
4 젠 로프트
5 와인 컨트리 비컨 캐빈
6 어클레임 넷-제로 파시브 하우스

Garden Oasis Guesthouse
가든 오아시스 게스트하우스

airbnb.co.kr/rooms/596389

작지만 교통이 좋은 곳에 위치해 있어 포틀랜드 여행의 첫 단추로 손색없다. 집 앞에 처음 들어서면 호스트 부부가 정성스레 꾸민 풀내음 가득한 정원이 반긴다. 숙소 내부의 크기는 작은 편이지만 필요한 것은 대부분 갖추고 있다. 무엇보다 편리한 것은 이 집의 위치다. 알버타 아트 지구와 미시시피에 걸어서 갈 수 있고 두 블록 거리에 버스 정류장이 있다.

Saul Zailz Treehouse
솔 자이츠 트리하우스

airbnb.co.kr/rooms/4867863

여행 매거진 〈콘데 나스트 트래블러 Conde Nast Traveller〉에 '세계에서 가장 멋진 트리하우스'로 소개됐다. 독채 전부가 제공되지 않고 개인실에서 숙박이 가능하나 사적인 공간은 확실히 구분돼 있다. 세탁실과 거실만 공용, 욕실 및 침실은 개인실에 포함된 구조다. 친절한 호스트가 매일 아침 커피를 내려주고 여행 일정을 짜주기도 한다.

Urban Garden Studio
어반 가든 스튜디오

airbnb.co.kr/rooms/1826250

주인집의 뒤뜰에 위치한 정원에 둘러싸인 육각 별채. 1909년에 지어졌지만 내부로 들어서면 이 집의 연식에 대해서는 잊게 된다. 크고 작은 창이 집 가장자리를 둘러가며 채우고 있어 어디에서든 채광을 만끽할 수 있다. 욕실 및 주방은 본채에 따로 위치해 있으며 호스트가 기르는 세 마리의 고양이가 있다.

Airbnb

에어비앤비

Zen Loft
젠 로프트

airbnb.co.kr/rooms/2492977

〈뉴욕 타임즈The New york Times〉에 젠 스타일 로프트로 소개되었다. '선(禪)'의 일본식 발음에서 기인한 것인 만큼, 정갈하고 간결한 절제미가 돋보인다. 집 한가운데 직접 음식을 요리해 먹을 수 있는 널따란 부엌이 있는데 가장자리 벽 부분을 큼지막한 폴딩도어로 꾸며 볕 좋은 아침이든 밤공기 좋은 저녁이든 어느 때고 야외 분위기를 만끽할 수 있다.

Wine Country Beacon Cabin
와인 컨트리 비컨 캐빈

airbnb.co.kr/rooms/532168

드넓은 와인 농장을 바라보며 고요히 쉴 수 있는 숙소. 5만 평에 육박하는 포도밭이 펼쳐진 푸른 평야 끝자락에 한적하게 위치한 2층짜리 집이다. 하염없이 책을 읽거나, 피노 누아 와인을 음미하거나 그저 여유로운 풍광을 바라보며 명상을 하는 여행을 계획하고 있다면 이 집만한 곳도 없다. 가까이 괜찮은 와이너리들이 자리 잡고 있으니 와이너리 투어를 계획하는 이들에게 추천할 만하다.

Acclaimed Net-Zero Passive House
어클레임 넷-제로 파시브 하우스

airbnb.co.kr/rooms/1301875

재생산 에너지 관련업에 종사하는 주인이 직접 만든 그린하우스. 태양열 에너지를 비롯, 환경 친환경적으로 에너지 효율을 높이는 최신 기술을 집안 곳곳에 접목시킨 것이 눈에 띈다. 여러 매체에서 이곳을 소개했지만, 특히 〈허핑턴 포스트The Huffington Post〉는 '미국에서 가장 섬세한 집 9채' 중 하나로 소개했다. 과일과 커피, 그래놀라 등으로 간단한 아침식사를 제공한다.

CHAPTER 5

PORTLANDER

◊ **Portlander**

포틀랜드를 빛나게 하는 사람들, 포틀랜더

가방을 들쳐 메고 떠날 수 있는 산과 바다가 지척에 있는 것도, 맛있는 브루어리와 커피 로스터가 넘쳐나는 것도 좋지만 가장 좋은 건 함께 살아가는 이 도시의 사람들이다. 남이 뭘 입고 어떤 차를 타고 다니는지 전혀 관심 없고, 기다란 수염과 화려한 타투로 무장했지만 누구보다 따뜻한 마음을 지니고 있다. 단언컨대, 지금 포틀랜드를 빛나게 하는 건 그 무엇에 앞서 '사람'이다. 풍요롭고 아름다운 자연과 힙한 도시 문화가 공존하는 이 도시에서 지극히 평범한 일상을 살아가는 6명의 포틀랜더를 만났다.

1   마르티나 손힐

Martina Thornhill

Instagram : @martinathornhill
Website : martinathornhill.com

세라미스트

다듬어지지 않은 점토의 아름다움을 온전히 드러내는 작품을 만들고 있다. 유행을 타지 않고 오랜 시간, 매일 사용할 수 있는 실용적인 작품을 만드는 것이 세라미스트로서의 나의 목표다. 19살 때 워싱턴주의 작은 마을에서 포틀랜드로 이사왔고 12년째 거주하고 있다. 포틀랜드의 음악과, 아트 신과 사랑에 빠져 다시 돌아갈 수 없었다. 또 하나의 이유를 꼽자면 당시 한 청년을 쫓아다니고 있었는데 그가 포틀랜드에 살고 있었기 때문이다. 그 청년이 지금 나의 남편이 되었다. 포틀랜드는 놀라운 자연을 가지고 있는데 그 독특한 녹음은 이 도시를 더욱 특별하게 만든다. 마음만 먹으면 언제든 만날 수 있는 자연은 이 도시를 영원히 사랑할 수밖에 없게 한다.

Favorite Place In Portland

패션 편집숍 : 어소시에이션 숍 Association Shop
자주 찾는 리빙숍 : 로웰 Lowell
빈티지숍 : 하우스 오브 빈티지 House of Vintage
아트 서적이 많은 서점 : 모노그래프 북웍스 Monograph Bookwerks
맛있는 델리 : 피스 앤 큐스 마켓 P's and Q's Market

일요일에는 가까이 사는
가족들을 초대해
함께 점심을 먹는다.
우리는 엄청난 양의 요리를
준비하고 동그랗게 둘러앉아
대화를 나눈다.

적어도 한 달에 한 번은
하이킹, 캠핑을 하거나
새로운 장소로 떠나려고 노력한다.
이러한 여행은
반복되는 일상을 이어가는 데
큰 도움이 된다.

나의 아들과 마당에서 놀고
강아지와 함께 걷고
커피를 마시는 우리 집의 아침은
느리고 평화롭다.
하루 중 가장 좋아하는
시간이기도 하다.

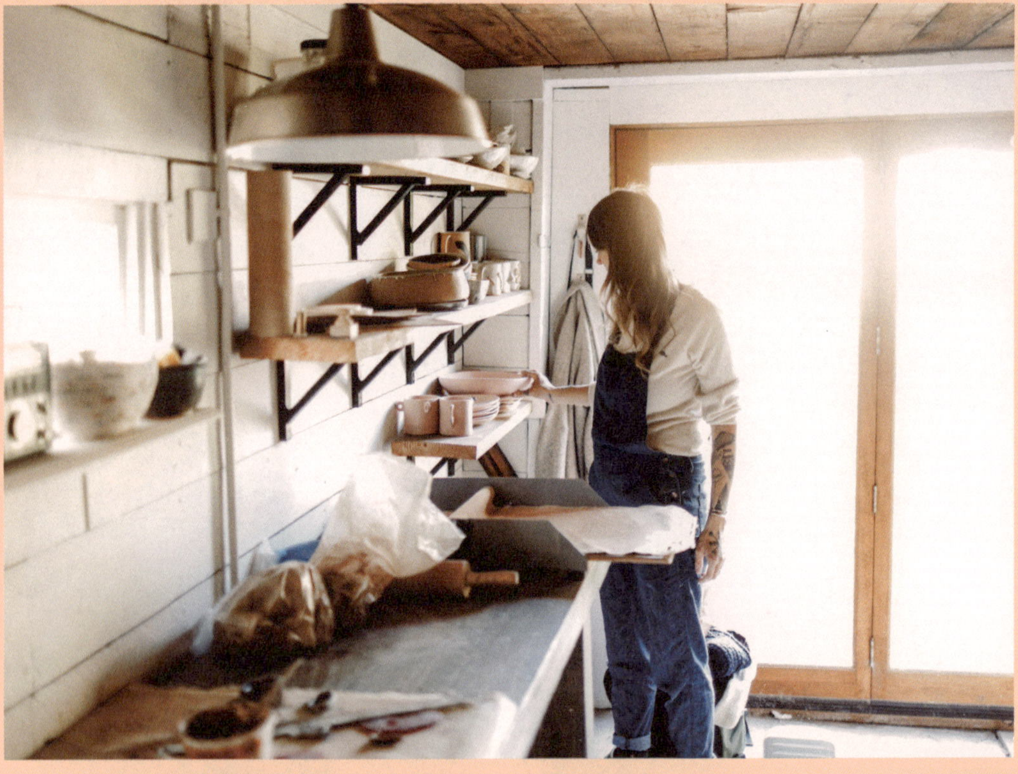

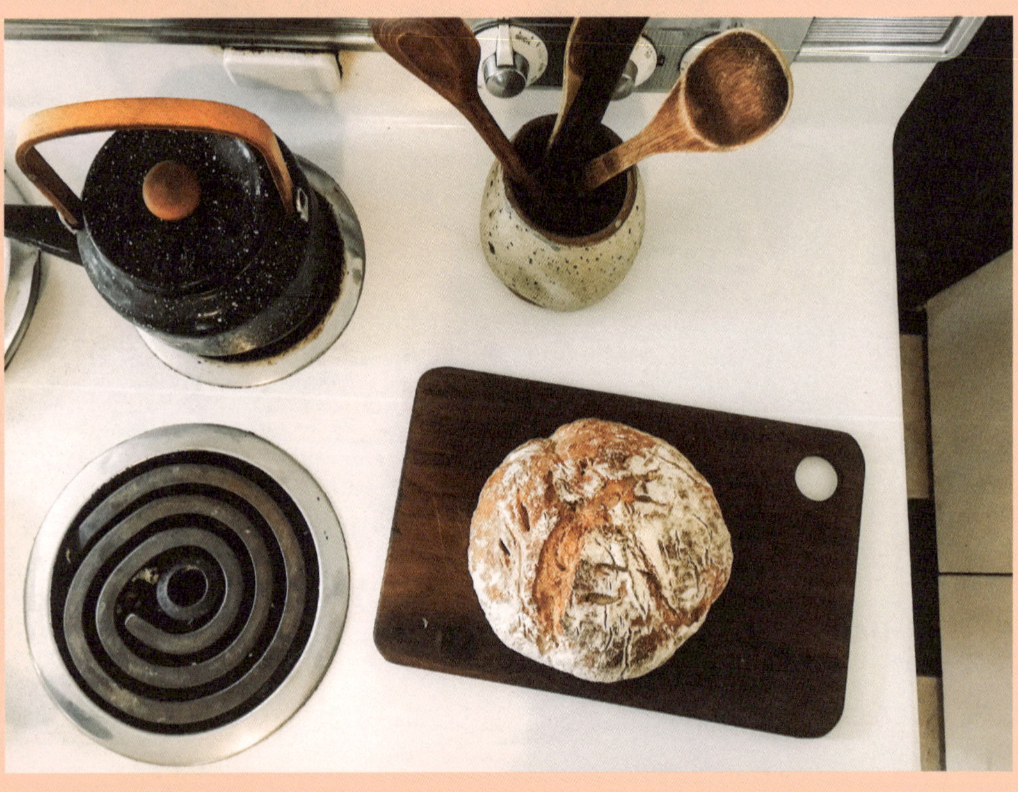

1 3
2

1 집 옆에 붙어있는 작은 창고가 나의 작업실이다.
모든 것으로부터 벗어나 내 작업에
온전히 집중할 수 있는 소중한 공간이다.

2 수요일에는 사워도우 빵을 굽는다.
몇 달 전에 시작했는데 어느덧 일상의 큰 즐거움이 되었다.
아들이 밀가루 반죽을 도와주곤 한다.

3 가마에서 작품을 꺼낼 때는 매번 설렌다.
몇 개의 작품에 재앙이 일어났다 해도 실망하지 않는다.
적어도 한두 개 정도는 아주 특별한 작품이 되어있으니 말이다.

제임스 피츠제럴드

James Fitzgerald

Instagram : @jamesfitzfranz
Website : jamesfitzgeraldiii.com, ransomltd.com

포토그래퍼

포틀랜드에 본사를 둔 크리에이티브 에이전시 랜섬 리미티드Ransom Limited의 공동 설립자이고 상업, 편집 사진가로 일하고 있다. 사업 파트너이기도 한 나의 형제 파커가 포틀랜드에 살고 있었고 그의 권유로 이 도시로 오게 되었다. 나이키, 킨포크, 유니클로, 스티브 알랑 등 다양한 브랜드, 매체와 일하고 있고 오리건뿐 아니라 세계의 클라이언트와 함께 작업한다. 포틀랜드는 도시로서의 편의 시설과 재미를 가지고 있으면서도 언제든 쉽게 탈출할 수 있는 환경을 가진 매력적인 곳이다. 콜롬비아강까지 40분이면 갈 수 있으니 자연 애호가에게도, 도시 애호가에게도 완벽한 도시라 할 수 있다.

Favorite Place In Portland

자주 찾는 힐링 장소 : 콜롬비아강 협곡 *The Columbia River Gorge*
또 하나의 힐링 장소 : 롤리 스파 *Lolly Spa*
서점 : 모노그래프 북웍스 *Monograph Bookwerks*
레스토랑 : 코퀸 *Coquine*
가든 바 : 칼데라 퍼블릭 하우스 *Caldera Public House*

아름다운 두 사람,
나의 아내 그리고 아들과 함께
하루를 시작한다.
우리가 함께하는 아침은
하루 중 가장 소중한 시간이다.

가족과 함께 자주 걷는다.
무작정 걷다가 새로운 장소를 발견하는 걸 좋아한다.
포틀랜드의 완벽하게 맑은 날씨는
비 내리는 많은 날을 견디게 해준다.

가족의 1년을 기록한 사진집 〈August to August〉는
처음부터 끝까지 우리 손으로 직접 만든 결과물이다.
포틀랜드에서의 일상은 물론 세계를 여행하며 찍은 사진도 담겨 있다.

1 2 3

1 콜롬비아강 협곡은 하이킹하기에 최적의 장소다. 자연의 아름다움에 쉽고 빠르게 접근할 수 있다는 것은 축복이다. 이 풍경은 아무리 봐도 질리지 않는다.

2 포틀랜드에는 유난히 자전거 타는 사람들이 많다. 도시가 작고 자전거 도로와 공유 프로그램이 잘 만들어져 있는 덕분이다.

3 포틀랜드의 봄은 놀랍다. 거리는 꽃과 나무로 둘러싸이고 꽃향기가 도시 전체의 공기를 채운다. 이 도시가 선물하는 최고의 경험 중 하나다.

카를로스 발렌시아

Carlos Valencia

*Instagram : @_sanjohnny_*
Website : sanjohnny.com

중세 가구 딜러

아내와 함께 중세 가구, 멕시코 전통 예술품을 큐레이팅하고 다시 손질해 판매하고 있다. 저평가된 제품들을 찾아 소개하고 그것의 가치를 재발견할 기회를 주는 우리의 일에 보람을 느낀다. LA에서 포틀랜드로 온 지는 3년이 되었다. 보다 합리적이고 여유로운 삶을 찾아 이곳으로 오게 되었다. 특히 만족스러운 건 포틀랜드의 수많은 브루어리다. 매일같이 새로운 브루어리를 찾아 나서고 해피아워 딜을 즐긴다. 친구들을 사귀기 좋고 마을에 어떤 일이 일어나고 있는지 쉽게 알 수 있을 만큼 작은 도시라는 점에서 이 도시는 나의 고향, 멕시코의 과달라하라를 떠올리게 한다. 두 도시가 자매도시이고, 모두 장미의 도시라는 별명을 가지고 있다는 건 최근에 알게 되었다.

Favorite Place In Portland

집 가까이 위치한 브루어리 : 컬미네이션 브루잉 Culmination Brewing
치킨라이스 푸드 카트 : 농즈 카오 만 가이 Nong's Khao Man Gai
좋아하는 레스토랑이자 바 : 바 카사 발레 Bar Casa Vale
타코 푸드 카트 : 엘 유카테코 El Yucateco
친구가 운영하는 빈티지숍 : 오르카 PDX ORCA PDX

커피와 차, 아내와 함께 먹을 샌드위치를 만드는 것으로 하루가 시작된다.
우리가 포틀랜드에서 찾아낸 이 예쁜 빈티지 스토브로 말이다.

아침 식사를 하고 나면 중고 가게로 간다.
이 선반에 놓인 것처럼 내가 좋아하는
멕시코 민속 작품을 찾으면 극도로 흥분하게 된다.

1 쉬는 시간에는 거실에 앉아 음악을 듣는다. 로스 솔리타리오스와 같은 오래된 멕시코 음악이나 델라니 데이비슨의 음악을 특히 좋아한다.

2 복원해야 할 가구가 많은 날에는 대부분의 시간을 작업실에서 보낸다. 버려지거나, 많이 훼손된 물건을 손질하고 그 수명을 늘리는 나의 일을 사랑한다. 이 수납장은 그렇게 재탄생한 가구 중 하나다.

3 복원 작업이 끝난 가구를 집으로 가져가면 아내가 세팅하고 사진을 찍는다. 등받이를 고치고 새 천으로 덮어 새롭게 탄생한 빈티지 의자.

늘 고향의 가족과 친구가 그립다.
엄마가 무엇을 하고 있을지 상상할 때
떠오르는 이미지가 바로 이거다.
눈을 감으면 옥상에 빨래를 너는
엄마의 모습이 선하다.

피델리아 트웬지 지닝스

Fidelia Twenge Jinings

커뮤니티 컬리지 강사

영어가 모국어가 아닌 이들에게 영어를 가르치고 있다. 어렸을 때부터 언어학에 대한 관심이 남달랐고 다른 문화를 알고 배우는 일이 즐거웠다. 다른 관점과 다른 삶의 방식을 지닌 세계의 사람들에게 둘러싸여 있을 때 많은 영감을 받는다. 유럽과 아시아의 여러 도시에서 살았지만, 인생의 대부분을 포틀랜드와 포틀랜드 교외에서 보냈다. 1870년대, 포틀랜드 도심에서 20마일 떨어진 이곳에 선조들이 정착했고 나와 남편은 현재 6세대가 살아온 가족 농장에 살고 있다. 우리 집 옆에는 부모님의 집이 있고 친척들도 가까이 살고 있다. 퇴근하고 집에 오면 텃밭을 가꾸고 양들에게 먹이를 주는 것 역시 중요한 일과다. 포틀랜드는 많은 다리를 가지고 있어 '브릿지 시티'라는 별명을 가진 도시다. 이 도시의 다리, 공원, 이상하고도 작은 갤러리, 오래된 바를 사랑한다. 나는 여전히 이 도시를 탐험 중이다.

Favorite Place In Portland

허름한 로컬 바 : 로드사이드 어택션 A Roadside Attraction
탁구를 칠 수 있는 핑퐁 바 : 핍스 앤 바운스 Pips and Bounce
정원, 레스토랑, 바, 영화, 수영장까지 겸비한 호텔 : 맥메나민스 케네디 스쿨 McMenamins Kennedy School
야식이 먹고 싶을 때 찾는 타코식당 : 로보 타코 Robo Taco
오래된 디저트숍 : 파이드 카우 커피 하우스 Pied Cow Coffee house

1 친구의 결혼식을 위해 직접 꽃을 심고 가꾸었다. 조만간 또 다른 친구와 함께 꽃 농장 사업을 시작할 계획이다.

2 나의 아버지가 향나무로 만든 다리. '리틀'이라는 이름을 가진 나의 귀여운 고양이는 이곳에 앉아 새들을 구경하는 것을 좋아한다.

3 봄, 가을이 오면 버섯이 있는 지역을 찾아 하이킹을 떠난다. 운이 좋은 날에는 이렇게나 많은 살구 버섯을 따오기도 한다.

남편과 나는 우리 집 정원에서 결혼식을 올렸다.
아버지가 결혼식을 위해 정자를 만들고
안개꽃을 심었는데, 결혼식 날짜에 맞춰
만개한 안개꽃은 정말 아름다웠다.

우리는 매년 여름마다 5개의 밭을 돌아가며 건초를 수확한다.
양들에게 먹이를 주고 남은 일부는 팔기도 한다.

농장에는 부엉이, 독수리, 사슴, 코요테 등 많은 야생동물이 살고 있다.
우리 가족은 내가 어린 시절부터 양을 길렀는데 특히 늦은 겨울,
그들의 느린 움직임을 지켜보며 감동한다.

5   앤디 바나스

Andy Banas

Instagram : @an_d_b
Website : andybanasphoto.com, 401kmaterials.com

의류 브랜드 운영

'401K 매터리얼스 401K Materials'라는 의류 브랜드를 운영하고 있다. 401K를 통해 스케이트 보더, 사진가, 아웃도어 매니아, 하이 퀄리티의 기능성 의류 제품을 소개하는 것이 메인 작업이고 개인 웹사이트를 통해 직접 촬영한 사진을 판매하기도 한다. 아내의 가족이 워싱턴주의 산 후안에 살고 있어 태평양 북서부에서 살기를 원했고 그중에서도 자연이 아름다운 도시, 젊은 사람들이 살기 좋은 도시를 찾아 포틀랜드로 오게 되었다. 나와 아내는 포틀랜드 라이프에 만족하고 있고 계속해서 이 도시를 즐기고 있다. 자연뿐 아니라 음식과 문화에 있어서도 풍부한 신을 가지고 있기 때문에 새로운 뭔가를 할 수 있는 주말을 손꼽아 기다리곤 한다.

시간이 나는 대로 캠핑을 떠나고
캠핑하는 동안 사진 촬영도 빠뜨리지 않는다.
특히 밤하늘의 별을 담아내기 위해
꽤 많은 시간을 투자하는 편이다.

1 2
   3

1 포틀랜드는 훌륭한 스케이트보드 공원과 스케이트보드 신을 가지고 있다. 친구와 함께 해피 밸리 스케이트 공원에서 보낸 오후를 담았다.

2 비가 오지 않는 주말에는 새로운 장소를 찾아 하이킹에 나선다. 아내 켈리의 사진을 촬영한 이 날은 빛이 유난히 좋았다.

3 클락카머스강에 반사된 풍경이 마치 그림처럼 느껴졌다. 가끔은 무작위로 찍은 사진이 가장 마음에 드는 사진이 되기도 한다.

늦여름, 친구들과 함께 아스토리아로 캠핑을 떠났다.
바위에 앉아 맥주를 마시며 노을이 지는 풍경을 함께 지켜봤다.

Camille Shumann

Instagram : @camille.shu
Website : camilleshu.com

일러스트레이터

프리랜서 일러스트레이터이고 필드워크 플라워스 앤 플랜츠Fieldwork Folwers & Plants라는 꽃집에서 파트타임으로 일하고 있다. 식물은 나의 삶과 예술에 있어 영감 그 자체이기 때문에 필드워크에서의 일하는 시간 또한 소중하다. 예전에는 주로 꽃을 그렸지만 산, 풍경, 사람 등 주제를 더 넓혀가고 있고 요즘에는 특히 컬러풀한 벽화를 그리는 데 매력을 느낀다. 대학 입학을 위해 이곳으로 왔지만 졸업 후에도 떠나지 않고 7년째 살고 있는 이유는 포틀랜드가 20대, 특히 예술가들이 살기 좋은 도시이기 때문이다. 이곳에는 예술가들의 커뮤니티가 잘 만들어져 있고 예술가를 높이 평가하는 문화가 있다. 예술가들이 여러 직업을 가지고 있는 경우도 많은데 그건 그들 스스로 즐겁게 살 수 있는 방법이자, 이 도시를 더 흥미롭게 만드는 요소이기도 하다.

Favorite Place In Portland

여름에 자주 찾는 곳 : 소비 아일랜드 Sauvie Island
좋아하는 맥주 브루어리 : 베어릭 브루잉 Baerlic Brewing
맛있는 멕시칸 레스토랑 : 구에로 Güero
원예점 : 포틀랜드 널서리 Portland Nursery
오토바이 콘셉트 숍 : 씨 씨 모터사이클스 See See Motorcylces

여름에는 산을 주제로 시리즈를 그렸다.
콜로라도와 오리건 동부의 산을 다녀온 후로
산에 대한 생각을 떨쳐낼 수 없었고
'산의 자화상'이라는 시리즈를 완성했다.

1　2
　3

1 지난봄에는 주로 튤립, 헬레보레, 러넌큘러스로 작업을 했다. 꽃에 둘러싸여 있을 때는 나도 모르게 자꾸 사진을 찍게 된다.

2 필드워크 계정에 올라가는 사진을 촬영 중이다. 지역에서 재배된 꽃으로 작업을 하고 사진을 찍어 인스타 계정에 올리는 것이 주요 업무다.

3 꽃을 이동시키는 것도 필드워크에서의 중요한 업무 중 하나다. 저렇게 내 트럭 한가득 예쁜 꽃이 실리곤 한다.

올해 여름, 오리건 동부에 위치한 아름다운 호텔 제닝스에서 벽화를 그렸다.
역사적인 건물에 지역의 식물을 그리는 이 작업을 오랫동안 잊지 못할 것 같다.

모두가 좋아하는 꽃 모란, 오리건 농부들은 시즌이 짧은 모란을 특별한 꽃으로 여긴다. 복잡한 꽃잎 구조를 가진 모란을 그리는 시간을 좋아한다.

부록

PORTLAND MAPS

Portland Tour

Portland Walking Tours
가이드와 함께 다운타운을 걸으며 포틀랜드 건축, 역사, 공원 등에 대한 설명을 들을 수 있다. *portlandwalkingtours.com*

Third Wave Coffee Tours
포틀랜드의 대표 로스터 커피를 마시고 커피에 대한 정보를 나눌 수 있다. *thirdwavecoffeetours.com*

Forktown Food Tours
몇 개의 레스토랑을 돌며 샘플 메뉴를 즐기고 포틀랜드 푸드 신에 대한 정보를 얻을 수 있다. *forktownfoodtoursportland.com*

Brewvana
어워드에서 수상한 포틀랜드 브루어리를 투어한다. *brewvana.com*

Pedal Bike Tours
자전거를 타고 포틀랜드의 랜드마크, 레스토랑, 숍 등을 방문한다. *pedalbiketours.com*

Portland Spirit River Cruises
점심 또는 저녁 식사와 함께 크루즈를 즐길 수 있다. *portlandspirit.com*

Wildwood Adventures Tours
후드산, 오리건 코스트, 윌래밋 밸리 와이너리 데이 투어를 진행한다. *wildwoodtours.com*

Evergreen Escapes
국립공원, 도심 랜드마크 투어, 와이너리 등 다양한 투어 중에서 선택할 수 있다. *evergreenescapes.com*

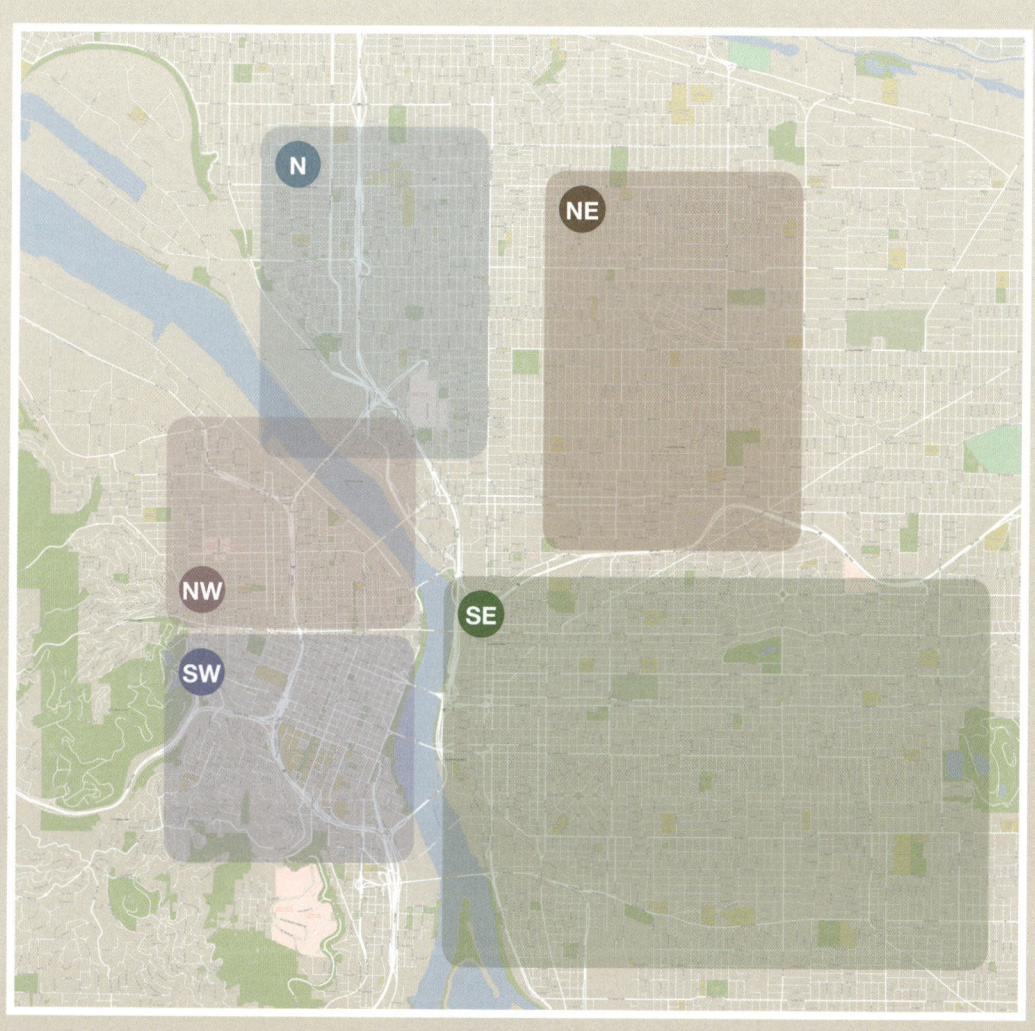

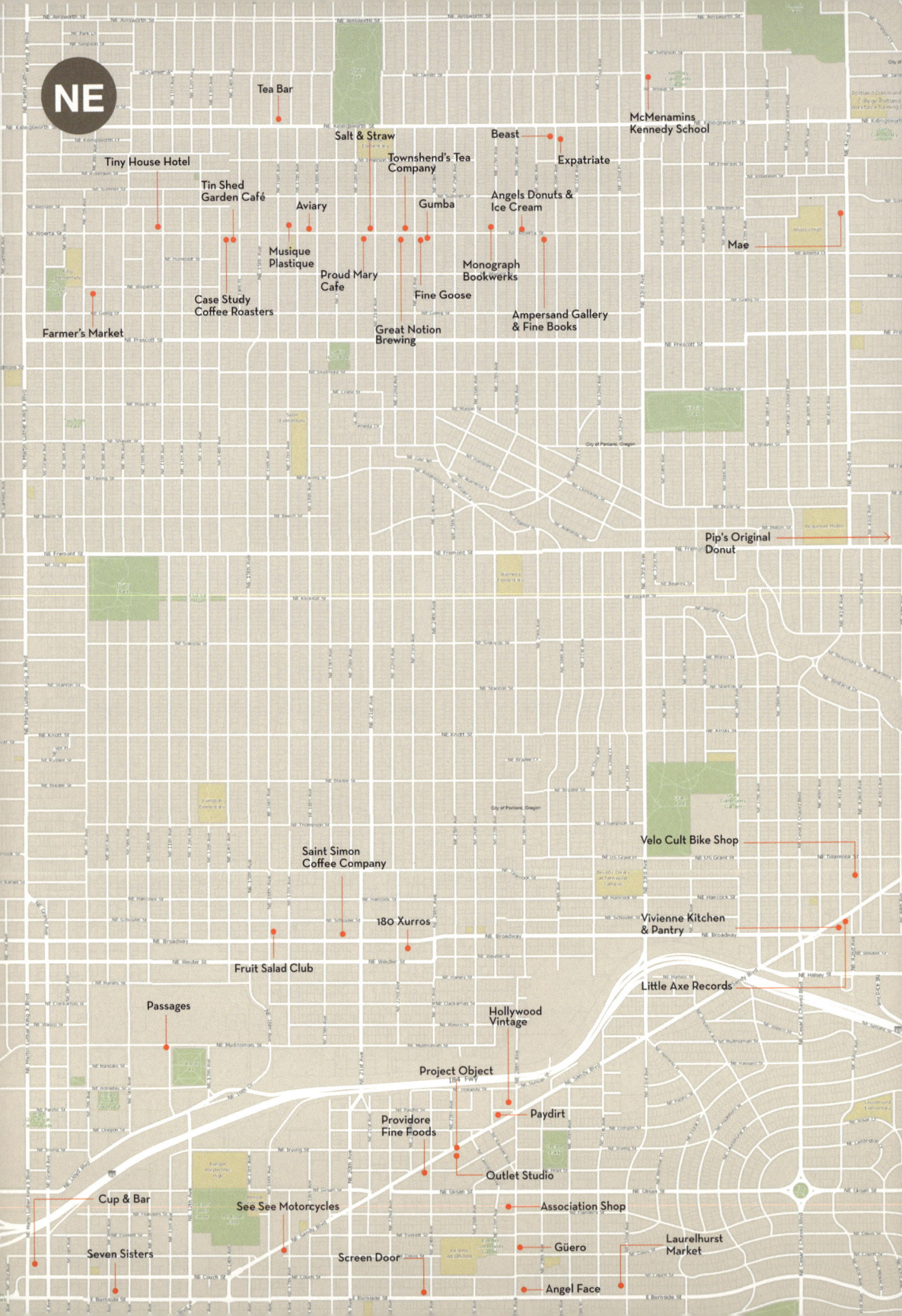

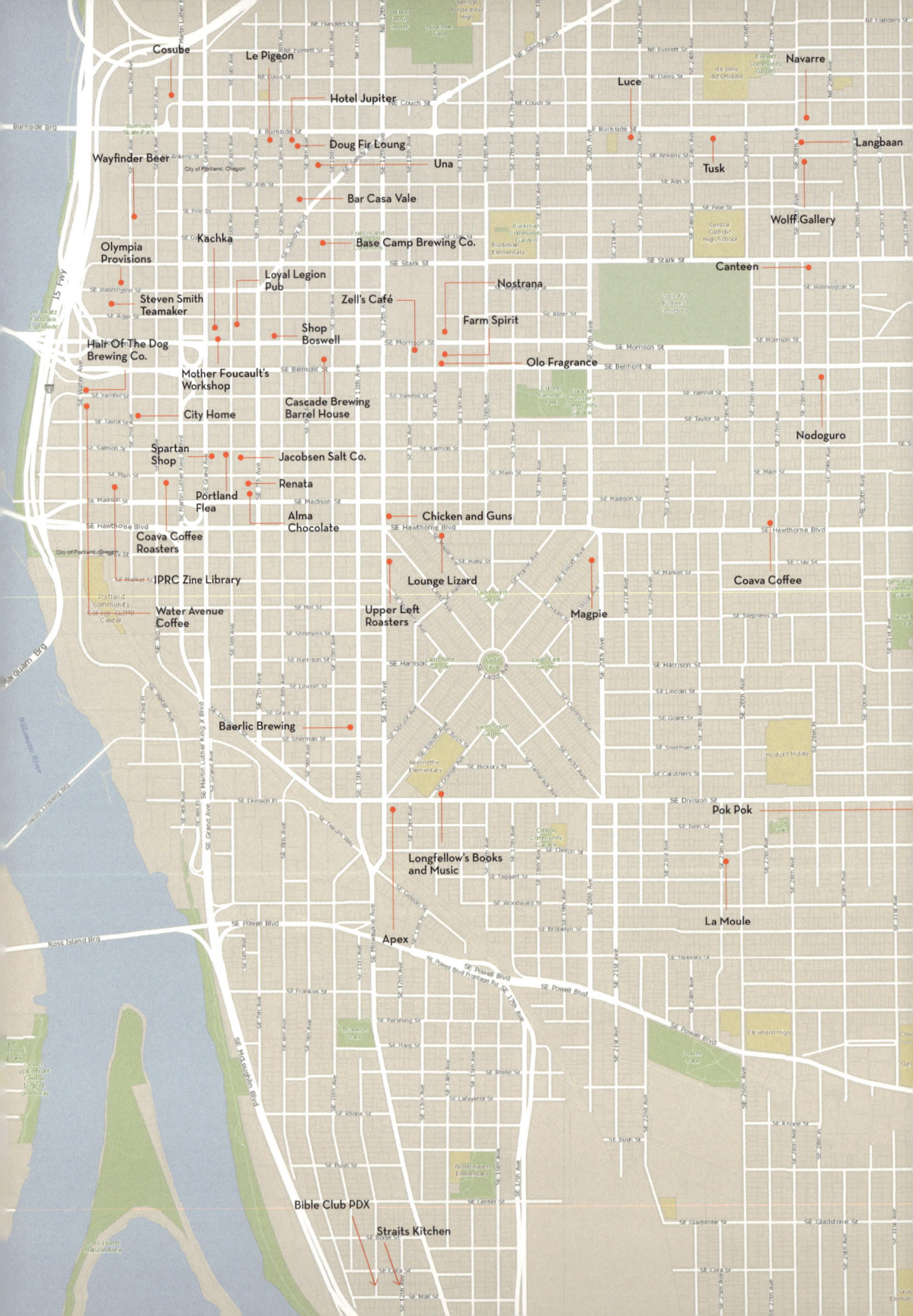

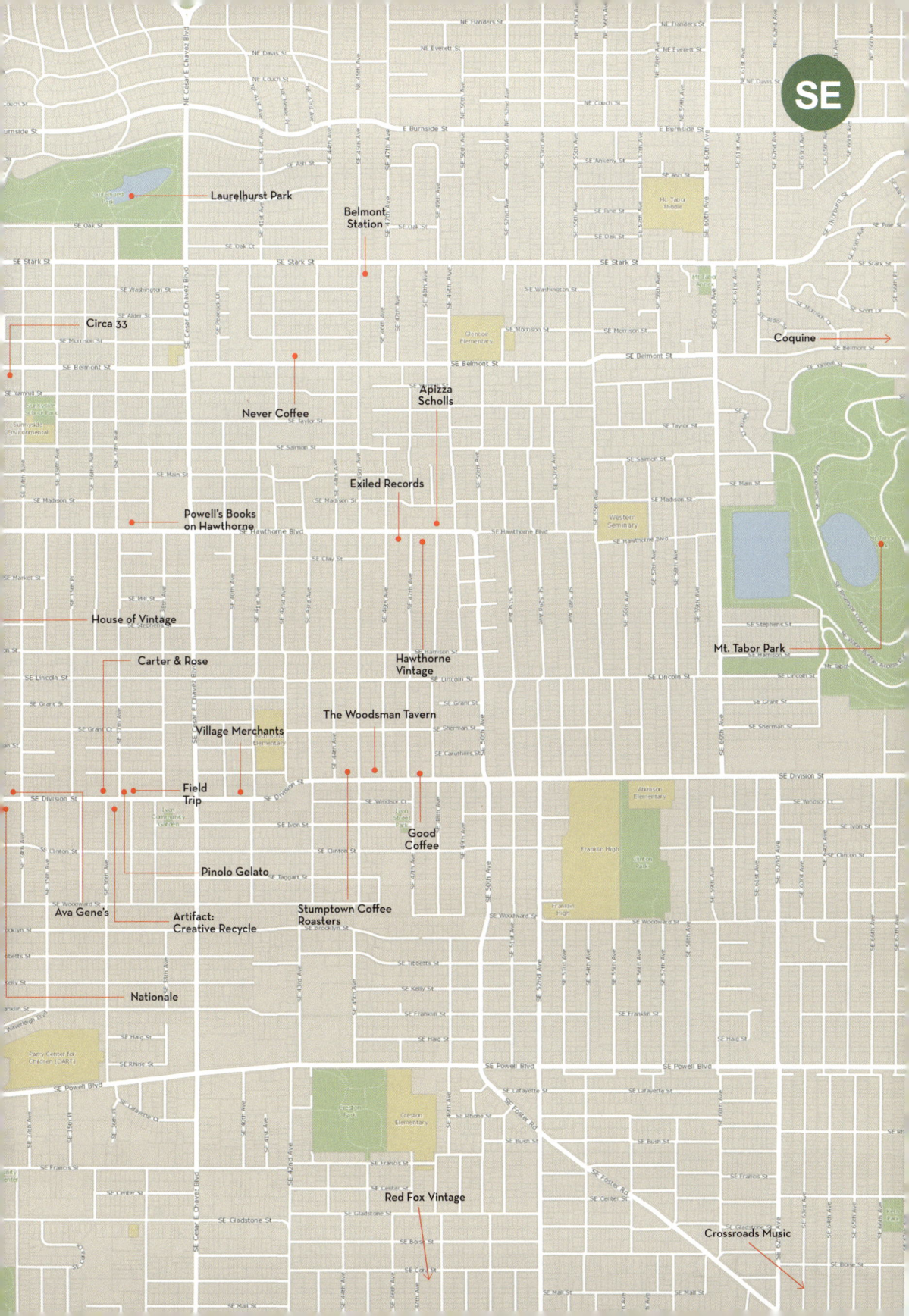

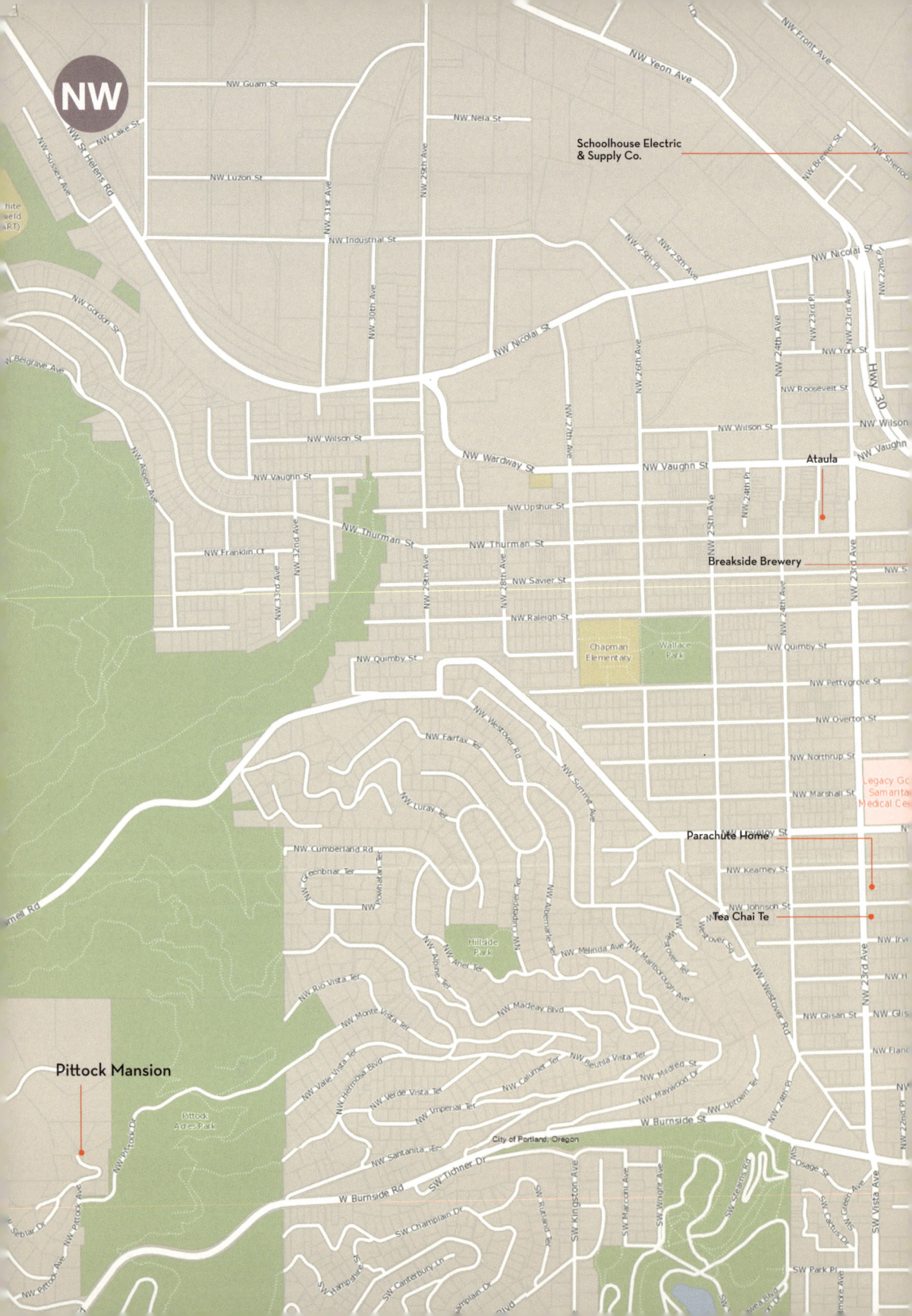

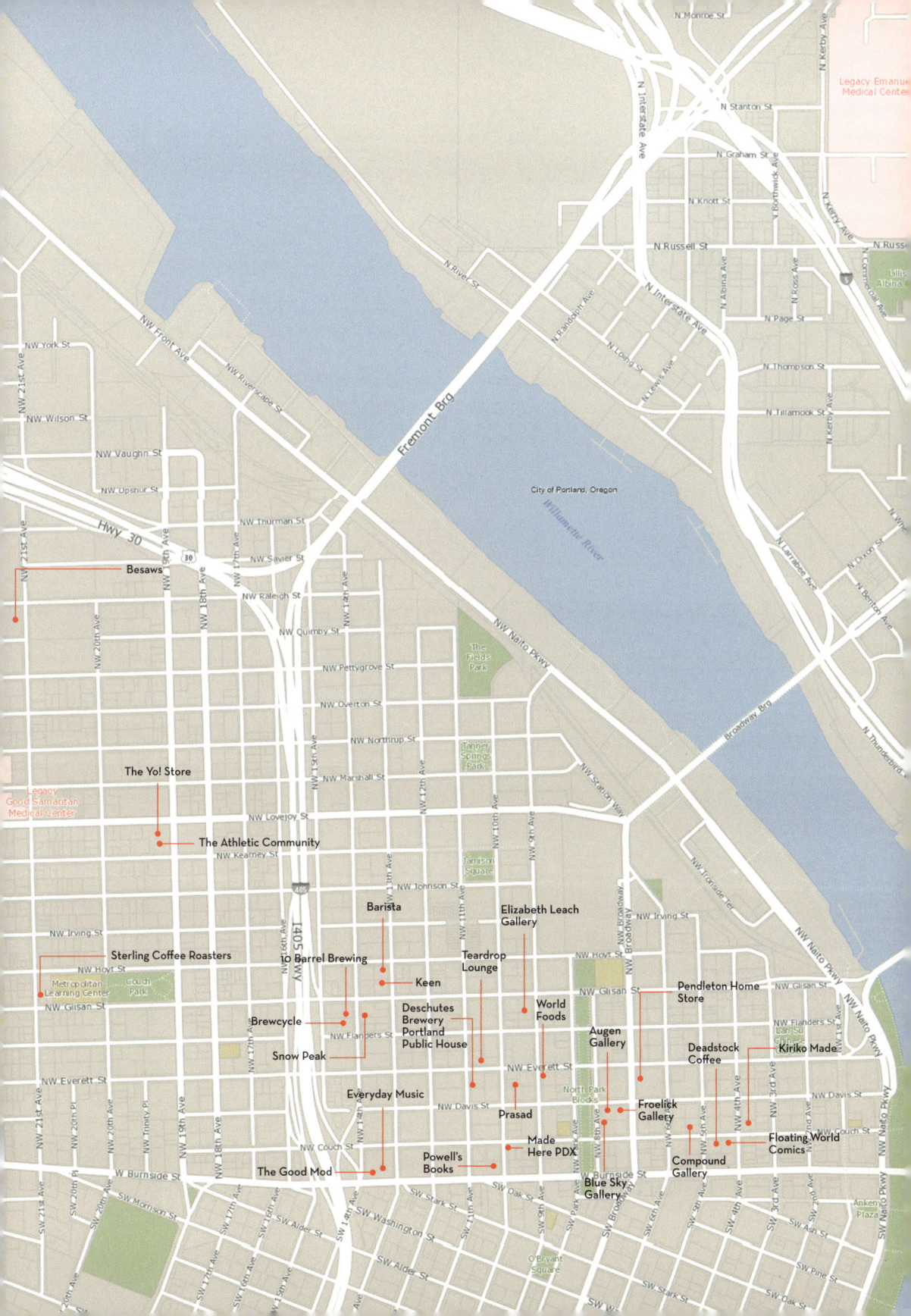

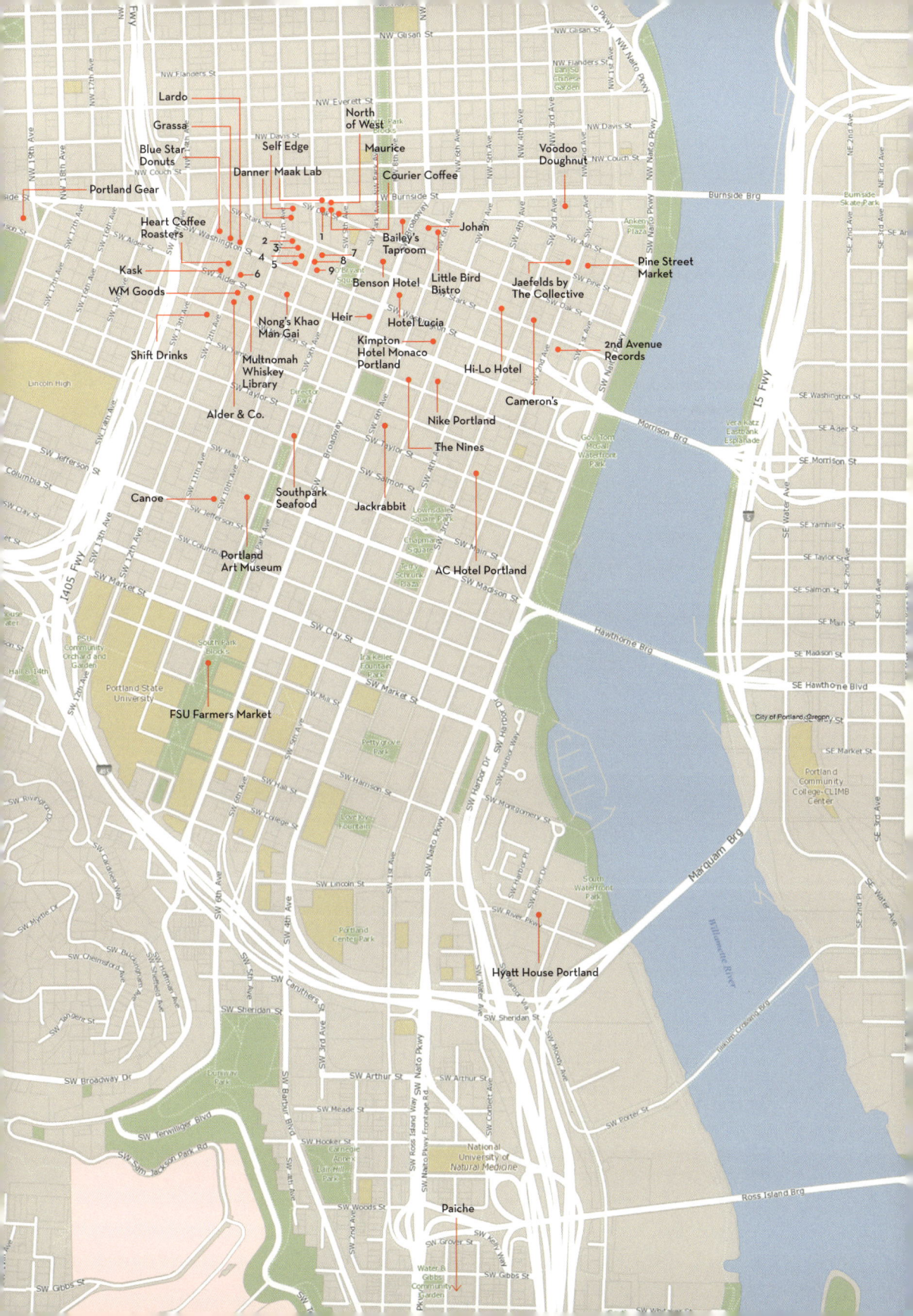

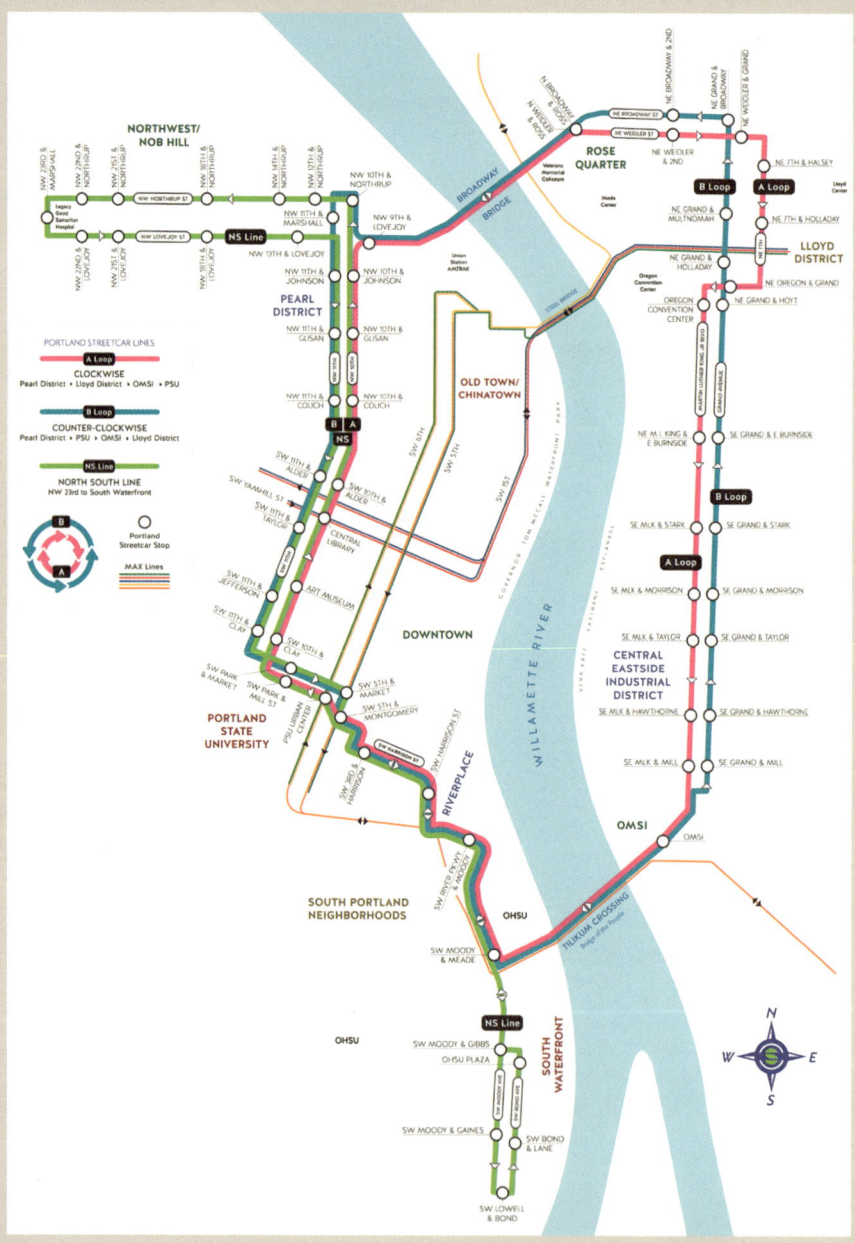

Getting Around

대중 교통수단으로는 버스, 맥스, 스트리트 카를 이용할 수 있다. 2.5불 티켓은 2시간 30분, 5불 티켓은 하루 종일 이용할 수 있고 다른 이동 수단으로 환승이 가능하다. 버스 운전 기사에게 직접 구매하거나, 맥스와 스트리트 카 역 앞에 설치된 기계, 또는 TriMet Tickets 어플을 통해서 구매할 수 있다.

베리 포틀랜드

1판 1쇄 발행 2018년 4월 10일
1판 2쇄 발행 2018년 7월 20일

지은이 조소영
펴낸이 고병욱

기획편집실장 김성수 책임편집 양춘미 기획편집 이새봄 김소정
마케팅 이일권 송만석 현나래 김재욱 김은지 외서기획 엄정빈
디자인 공희 진미나 백은주 제작 김기창
관리 주동은 조재언 신현민 총무 문준기 노재경 송민진

사진 조소영, Travel Portland
지도 portlandmaps.com(421~429쪽), portlandstreetcar.org(430쪽)

펴낸곳 청림출판(주)
등록 제1989-000026호

본사 06048 서울시 강남구 도산대로 38길 11 청림출판(주) (논현동 63)
제2사옥 10881 경기도 파주시 회동길 173 청림아트스페이스 (문발동 518-6)
전화 02-546-4341 팩스 02-546-8053
홈페이지 www.chungrim.com 이메일 life@chungrim.com
블로그 blog.naver.com/chungrimlife 페이스북 www.facebook.com/chungrimlife

ⓒ조소영, 2018

ISBN 979-11-88700-10-3 (13980)

- 이 책은 저작권법에 따라 보호를 받는 저작물이므로 무단 전재와 무단 복제를 금합니다.
- 책값은 뒤표지에 있습니다. 잘못된 책은 구입하신 서점에서 바꾸어 드립니다.
- 청림Life는 청림출판(주)의 논픽션·실용도서 전문 브랜드입니다.
- 이 도서의 국립중앙도서관 출판예정도서목록(CIP)은 서지정보유통지원시스템 홈페이지(http://seoji.nl.go.kr)와 국가자료공동목록시스템(http://www.nl.go.kr/kolisnet)에서 이용하실 수 있습니다.(CIP제어번호: 2018008442)